Wilhelm Ruprecht Frieling

WIE SCHREIBE ICH MEINE ERINNERUNGEN?

Wilhelm Ruprecht Frieling

Wie schreibe ich meine Erinnerungen?

Memoiren schreiben – aber richtig!

Frieling

Weitere Bücher von Wilhelm Ruprecht Frieling:

- **Autor sucht Verleger**
  Der direkte Weg zum eigenen Buch

- **Über die Kunst des Schreibens**
  Wie Autoren unbewußte Kräfte besser nutzen

- **Goldene Worte für jeden, der schreibt**
  Geflügelte Worte aus der Welt der Bücher

- **Wie biete ich ein Manuskript an?**
  Mehr Erfolg im Umgang mit Verlagen

- **Wörterbuch der Verlagssprache**
  Der aktuelle Führer durch das Fachchinesisch
  der Verleger, Redakteure und Drucker

Die Deutsche Bibliothek – CIP-Einheitsaufnahme
Frieling, Wilhelm Ruprecht:
Wie schreibe ich meine Erinnerungen? / Memoiren
schreiben – aber richtig! / Wilhelm Ruprecht Frieling. –
1. Aufl. – Berlin : Frieling, 1991
ISBN 3-89009-230-6

© Verlag Frieling & Partner GmbH und Verfasser
Hünefeldzeile 18, D-12247 Berlin
Originalausgabe
1. Auflage 1991
2. Auflage 1995
Sämtliche Rechte vorbehalten
Printed in Austria

Ein ganzes Leben

»Weißt du noch«, so frug die Eintagsfliege
Abends, »wie ich auf der Stiege
Damals dir den Käsekrümel stahl?«

Mit der Abgeklärtheit eines Greises
Sprach der Fliegenmann: »Gewiß, ich weiß es!«
Und er lächelte: »Es war einmal —«

»Weißt du noch«, so fragte weiter sie,
»Wie ich damals unterm sechsten Knie
Jene schwere Blutvergiftung hatte?« —
»Leider«, sagte halb verträumt der Gatte.

»Weißt du noch, wie ich, weil ich dir grollte,
Fliegenleim-Selbstmord verüben wollte?? —
Und wie ich das erste Ei gebar?? —
Weißt du noch, wie es halb sechs Uhr war?? —
Und wie ich in Milch gefallen bin?? —«

Fliegenmann gab keine Antwort mehr,
Summte leise, müde vor sich hin:
»Lang, lang ist's her — lang ——«

Joachim Ringelnatz

Inhalt

Die positive Entscheidung

Sie haben eine beneidenswerte Entscheidung getroffen und sich entschlossen, Ihre Erinnerungen aufzuschreiben. Sie wollen sich mit Vergangenheit, Gegenwart und Zukunft aktiv auseinandersetzen. Sie möchten Ihr Leben literarisch aufbereiten.

Diese positive Entscheidung verdient höchstes Lob. Sie kann Ihr Leben verändern. Sie vermag auch das Leben zukünftiger Leser günstig zu beeinflussen.

Nur wenige Menschen zeigen derart viel Mut, Kraft und Ausdauer, sich daranzumachen, ihr Leben auf Papier zu verewigen. Denn ein Menschenleben besteht aus unendlich vielen einzelnen Eindrücken, Episoden und Erlebnissen. Hieraus die interessantesten, für ein Leben typischen und aussagefähigsten auszuwählen, sozusagen die Spreu vom Weizen zu trennen, ist keine leichte Aufgabe.

Dieses Buch möchte und kann Sie dabei unterstützen, Ihren lobenswerten Plan in die Tat umzusetzen, und Ihnen mit dem einen oder anderen nützlichen Rat behilflich sein. Kleine Hilfestellungen, Kniffe und Tricks können dazu beitragen, Ihr Tun effektiver zu gestalten. Hier und heute werden Ihnen die wichtigsten, vielfach bewährten Kunstgriffe, die es anzuwenden gilt, verraten.

Viel Erfolg beim Schreiben!

Memoiren sind gefragt

D ie literarische Selbstdarstellung gehört zu den ältesten Gattungen der Literatur. Lebensläufe, Memoiren, Erinnerungen, Bekenntnisse, Tagebücher, Briefe, Reisebeschreibungen, Erlebnisberichte, Chroniken oder autobiographische Romane – sie alle finden in der Literatur ebenso ihren Platz wie im kulturellen Erbe eines Sprachraumes, das von Generation zu Generation vermittelt wird.

Nahezu alles, was wir von versunkenen Ländern, Erdteilen und Kulturen wissen, haben wir Überlieferungen und Autobiographien zu verdanken. Ohne die Grabinschriften der Pharaonen, die ersten schriftlich fixierten Lebenserinnerungen, wüßten wir wenig über jene ferne Zeit.

Erinnerungen dokumentieren Menschheitsgeschichte. Jede Autobiographie spiegelt ein Stück Schöpfung. Im kosmischen Staub überlebt nur das Wort. Wir alle leben aus und in der Erinnerung.

Bildplatten mit allen denkbaren Informationen über unser Leben, unsere Kultur, unsere Sprache, Kunst und Literatur werden heute mit Raketen in den Weltraum geschickt. Sie sollen möglicherweise existierenden fremden Kulturen über die Erde und unser irdisches Dasein berichten. Dies veranschaulicht den anerkannten Stellenwert der schriftlichen Aufzeichnung.

Über die Notwendigkeit der Weitergabe schriftlich gefaßter Erinnerungen gab es über die Jahrhunderte hinweg niemals ernsthaften Zweifel. Bei allen Diskussionen über Sinn und Unsinn verschiedenartiger literarischer Formen waren Autobiographien stets ausgenommen: ihre Berechtigung war, ist und bleibt unbestritten. Es wird übereinstimmend als eine intellektuelle Pflicht des Menschen bezeichnet, der Nachwelt ein bleibendes Vermächtnis zu hinterlassen.

Heutzutage erlebt die Autobiographie eine nie dagewesene Popularität. In einer Zeit, die sich weitgehend nüchtern und sachlich gibt, vielleicht auch, um von zahllosen durch Menschenhand verursachten Scheußlichkeiten abzulenken, wenden sich aufgeschlossene Teile des Publikums der Memoirenliteratur zu. Der Schnellebigkeit, dem geschwinden Vergessen unserer Ex-und-hopp-Kultur wird damit Paroli geboten.

Die Leser suchen plausible Antworten auf offene, sie häufig unmittelbar berührende Fragen, und viele fahnden nach echten Vorbildern. Sie verlangen schlüssige Erklärungen von den Generationen, die uns die Erde in ihrem jetzigen Zustand übergaben.

In Memoiren wird das Leben unserer Vorväter schließlich so ungeschminkt geschildert, wie es wirklich war: entbehrungsreich, hart, mitunter grausam, selten gerecht, durchsetzt mit farbenprächtigen Erinnerungen an Menschen und Tage. Anschaulich geschriebene Autobiographien sind daher gerade bei jüngeren Lesern als lebendige Geschichtsbücher, als Live-Berichte von Zeitzeugen gefragt und stehen in hohem Ansehen.

Eine der vielen Stärken der überzeugenden Autobiographie ist ihre Aufrichtigkeit. In einem guten Werk finden sich auch unbequeme Wahrheiten. Eine aufrichtige Autobiographie öffnet dem Leser das Herz und verdient sein Vertrauen. Sie sensibilisiert ihn für Dinge, Sichtweisen und Geschehnisse, die wohl seine eigene Erlebniswelt berühren, doch gleichzeitig fremd und verborgen wirken.

Eine Autobiographie präsentiert das geistige Konzentrat eines langen Lebens. Sie verlangt vom Leser die Bereitschaft, sich weit zu öffnen und Unbekanntes anzunehmen.

Der Autor kann dem Leser dabei Hilfestellung geben und Brücken bauen. Jedes anspruchsvolle Buch wird geschrieben, um zu diesem Brückenschlag beizutragen.

Der Arbeitsplatz

B ücher sind Kopfgeburten. Sie entstehen selten in einem einzigen genialen Rutsch. Bücher benötigen eine Zeit der Reife, der Entwicklung, des Wachstums und der Ruhe, bevor sie das Licht der Welt erblicken.

Wer schreibt, benötigt deshalb hierfür vernünftige Rahmenbedingungen. Am Arbeitsplatz sollen sämtliche benötigte Requisiten, von der Schreibmaschine bis zum Zettelkasten, längerfristig ihren festen Platz finden können, ohne daß eine Putzschwadron täglich alles umsortiert und verlegt.

Autoren, die in der Lage sind, sich den Luxus eines abgeschiedenen Arbeitszimmers, einer stillen Dachkammer oder eines getrennten Büroraums zu leisten, sollten sich hier vor allen Störungen abschirmen, um konzentriert schaffen zu können. Ein idyllischer Garten, ein verträumtes Gartenhaus, ein schattiges Bootshaus am See sind ideale Plätze der Ruhe und Konzentration.

Strittig ist unter Autoren, ob ein Arbeitsraum fensterlos sein soll. »Gebt mir ein Fenster«, schreibt *Stephen King* in »Stark. The dark half«, seinem autobiographischen Schlüsselwerk, »und ich schreibe zwei Worte und schaue dann zwei Stunden lang aus dem Fenster, auch wenn es draußen nichts zu sehen gibt.«

Jeder muß sich also die ihm gemäße Umgebung suchen.

Schaffen Sie sich eine Oase der Abgeschiedenheit, in die Sie sich regelmäßig zurückziehen können. Auch ein Ferienhaus, ein Hotel am Meer oder eine Hütte in den Bergen übernimmt für viele Autoren befristet die Rolle der einsamen Insel im brandenden Meer der Gedanken.

Verzichten Sie an Ihrem Arbeitsplatz auf alles, was ablenkt und stört. Räumen Sie jeden Anhaltspunkt auf anstehende oder unerledigte Arbeiten aus Ihrem Blickfeld. Entfernen Sie Hinweise auf Hobbys und Lieblingsbeschäftigungen. Legen Sie druckfrische Tageszeitungen, gute Bücher und das Fernsehprogramm beiseite. Ihr Ziel ist volle Konzentration auf die Niederschrift Ihres Manuskriptes.

Wer schreibt, kann sich keinem spontanen Besucher im erforderlichen beziehungsweise von diesem gewünschten Maße konzentriert widmen. Schalten Sie daher die Haustürklingel ab, um unangemeldeten Gästen zu signalisieren, niemand sei daheim. Sogar der tägliche Posteingang kann der inneren Sammlung abträglich sein. »Der Brief«, notiert *Nietzsche*, »ist ein unangemeldeter Besuch, der Briefbote der Vermittler unhöflicher Überfälle.«

Gerade das Telefon entpuppt sich oft als besonders heimtückischer Störenfried: Es läutet stets im unpassenden Moment und stört den Fluß der Gedanken empfindlich. Legen Sie deshalb in Phasen konzentrierter Arbeit den Telefonhörer neben den Apparat oder nutzen Sie den Komfort eines automatischen Anrufbeantworters. Später können Sie alles mit Bedacht regeln.

Die liebe Familie, treue Freunde und Verwandte hält sich ein produktiver Autor dadurch befristet vom Hals, daß er störungsfreie Arbeitsstunden verabredet, die von allen respektiert werden können. Mit einer regelmäßigen Arbeitszeit wird sowohl den Gesetzen der Höflichkeit als auch dem Familienleben Rechnung getragen, denn danach stehen Sie unbeladen und streßfrei zur Verfügung.

Schriftstellerisches Schaffen ist Arbeit, Schaffenszeit somit Arbeitszeit. Daran gilt es sich und seine Umwelt zu gewöhnen. Damit ist ein Stück Erziehung und Bewußtwerdung verbunden, das sich aber im Vollzug für alle Beteiligten positiv auswirkt. Denn es ist fraglos produktiver, regelmäßig eine feste Stundenzahl dem Schreiben zu widmen, als fehlender Zeit nachzutrauern und Stückwerk zu liefern.

Sinnvoll ist, diejenige Tageszeit zur Arbeitszeit zu erklären, in der die besten äußeren Bedingungen herrschen, also beispielsweise die Zeit der Ruhe vor dem Eintreffen von Kindern und Enkelkindern aus Kindergarten und Schule. Dies setzt natürlich voraus, daß die Möglichkeit einer relativ freien Zeiteinteilung besteht.

Aber auch innere, subjektive Bedingungen wollen bei der Wahl der richtigen Arbeitszeit berücksichtigt sein. Ärzte weisen immer wieder darauf hin, daß jeder Organismus tagtäglich Leistungskurven durchläuft. Somit gilt es, die beste Tageszeit und den optimalen Rhythmus zu wählen, um zur Höchstform aufzulaufen.

Indem Sie den geeigneten Zeitpunkt für Ihr schriftstellerisches Tun wählen und alle Störungen bereits im Vorfeld ausschalten, haben Sie bereits wesentliche Voraussetzungen für den späteren Erfolg Ihrer Arbeit geschaffen.

Schreiben ist Balsam für die Seele

Menschen, die in der Lage sind, ihre innersten Gefühle und Gedanken zu beschreiben, sind physisch und geistig gesünder. Zu diesem Ergebnis kamen jüngste wissenschaftliche Untersuchungen in den USA. Besonders deutlich beobachteten die Wissenschaftler den Effekt bei Menschen, die traumatische Erfahrungen hinter sich haben.

In einer Untersuchung der staatlichen Universität von Ohio gelang es den Forschern sogar, mit Hilfe von Bluttests den Einfluß des Schreibens auf die Gesundheit zu bewerten. Dabei wurde festgestellt, daß jene Testpersonen, die über bewegende Ereignisse schreiben konnten, einen höheren Anteil von T-Zellen im Blut aufwiesen. T-Zellen bekämpfen Infektionen und Viren.

Damit ist jetzt auch wissenschaftlich bewiesen, was viele Autoren bestätigen: Schreiben hat einen therapeutischen Effekt und verschafft Erleichterung. Die Niederschrift von Erinnerungen ist eine Möglichkeit, schreckliche und überwältigende Begebenheiten mittels der Sprache zu organisieren und zu bewältigen. Ungelöste seelische Probleme, die den Geist quälen, werden entkrampft, wenn sie in Sprache gefaßt sind.

Das schriftliche Aufarbeiten des eigenen Verhältnisses zu Personen im Freundes- und Bekanntenkreis kann Probleme lösen und alte Schuld abtragen helfen. Neben der Vermittlung eines Anliegens kann eine Autobiographie somit auch Dank abstatten.

Aber auch der Aspekt, sich freudig an sonnige Zeiten des vergangenen Lebens zu erinnern und sich beim Schreiben zu erholen und zu entspannen, soll hier gewürdigt werden. Das Schreiben ist eine wunderbar erfrischende und zugleich entkrampfende Freizeitbeschäftigung. Es gibt wenige Hobbys, die so viele schöne, harmonische Stunden, die im Fluge vergehen können, bescheren.

Freude und Erholung sind daher ebenso wie Dank und Anliegen häufig anzutreffende Motive für den Entschluß, Erinnerungen aufzuschreiben und herauszugeben. Gewiß gibt es noch tausend weitere Gründe.

Worin auch immer die Motivation besteht, unbestritten ist: Schreiben hält fit, trainiert die »grauen« Zellen, beugt aktiv der Verkalkung vor und entsorgt die Seele. Die Arbeit an einem Manuskript, die Freude auf ein im Entstehen begriffenes Werk helfen das Leben verlängern. Sie machen gesund und halten fit. Autoren von Autobiographien sind jünger, weil sie aktiv sind. Sie erweisen sich als seelisch ausgeglichener und gesünder als manche ihrer ziellos lebenden Zeitgenossen.

»Tagebuch statt Therapie« heißt die jüngste Erkenntnis, die in den USA gewonnen wurde. Was damit eine Gesellschaft, die den Stellenwert der Psychiatrie und der Seelsorge weitaus höher ansetzt, als dies in Europa der Fall ist, sagen will, liegt auf der Hand: Ein »Seelenklempner« kann mit hohem Aufwand günstigstenfalls das erreichen, was die regelmäßige schriftliche Auseinandersetzung mit dem eigenen Erleben wie selbstverständlich ergibt: den bewußteren Umgang mit dem eigenen Ich und die wesensmäßige Öffnung der Seele nach außen.

Darum macht es auch enorm viel Spaß, seine Erinnerungen niederzuschreiben. Es löst zugleich den inneren Zwang, sich auseinandersetzen zu wollen und mitteilen zu müssen. Die Niederschrift eigener Erlebnisse befreit, beendet Kapitel und Abschnitte im Leben, summiert Erfahrungen.

Einige Autoren sprechen in diesem Zusammenhang offen aus, daß sie schreiben *müssen*. Es gibt offenbar wesentliche Zwänge unserer Innenwelt, die ein Ventil suchen. Einen wirksamen Katalysator stellt die Schriftstellerei dar.

Die Zwanghaftigkeit einer Niederschrift ist die gesunde Reaktion unseres unbewußten *Es* auf Menschen, Zeiten und Ereignisse, die in uns Fragen und Konflikte entwickeln, deren Beantwortung und Lösung erst im Abstand der Jahre möglich werden.

Schreiben ist ein Beitrag zur positiven Lebensführung. Es hilft dem einzelnen, sein Dasein sinnvoll zu harmonisieren und ganzheitlich zu leben. Wer schreibt, hilft sich selbst, obwohl dies nur in den seltensten Fällen bewußt geschieht.

Da Schreiben ein Vorgang ist, der entkrampft, spielt die Atmosphäre, in der geschrieben wird, eine ausschlaggebende Rolle. Kaum jemand wird sich freiwillig in die Abfertigungshalle eines seelenlosen Flughafengebäudes setzen, um seine Erinnerungen aufzuschreiben, wenn er daheim bessere Bedingungen vorfindet.

Der Schreibtisch

Schreibtische sind so verschieden wie die Autoren, die daran schaffen. Aber sie spielen – ähnlich dem Arbeitszimmer – eine große Rolle für das Gelingen des Werkes.

Sie benötigen eine vernünftige, aber atmosphärisch dichte Arbeitsfläche, sei es ein barocker Sekretär, ein schwerer Eichentisch oder eine Glasplatte auf zwei Böcken. Wählen Sie mit der Sicherheit des Ihnen angeborenen Instinkts Mobiliar, an dem Sie sich wohl fühlen und das Sie inspiriert.

Es ist wichtig, bequem zu sitzen. Der Arbeitsstuhl soll in erster Linie funktional sein. Ein Ohrensessel ist fehl am Platz. Er eignet sich zum Lesen, zum Entspannen, zum sanften Dahindämmern, jedoch kaum zum konzentrierten Tun. Gut geeignet sind hingegen klassische Bürodrehstühle, die ausreichend Bewegungsfreiheit lassen und die Wirbelsäule bei längerem Sitzen stabilisieren.

Achten Sie auf ein gute Beleuchtung. Eine künstliche, möglichst wenig Wärme erzeugende Lichtquelle illuminiert optimal von vorn links Ihr Tätigkeitsfeld. Sinnvoll ist, sofern die Örtlichkeiten dies erlauben, natürliches Licht einzusetzen. Dabei sitzt der Autor immer zum Fenster gewandt, er würde sonst in seinem eigenen Schatten schaffen.

Stellen Sie frische Blumen auf den Tisch. Anblick und Duft beglücken die Seele, vermitteln positive Gefühle und verleihen Ihnen jene Kraft, die für die vor Ihnen liegende Arbeit benötigt wird.

Öffnen Sie das Fenster, um Ihre Lungen mit frischem Sauerstoff zu versorgen. Das regt die grauen Zellen an und beflügelt den Pegasus.

Bereiten Sie sich eine Kanne aromatischen Tee oder würzigen Kaffee zu. Sie werden stundenlang arbeiten und sich dabei über jedes Labsal freuen, das Sie anregt. Verwenden Sie dazu ein Stövchen, um Ihr Lieblingsgetränk heiß zu halten, oder benutzen Sie eine Thermoskanne.

Sind Sie Raucher und damit Anhänger der trockenen Trunkenheit, werden Sie sich mit einer ausreichenden Menge Zigaretten, Zündhölzern und einem voluminösen Aschenbecher ausgerüstet haben. Pfeifenraucher plazieren ihren Pfeifenständer auf dem Schreibtisch. Passionierte Zigarrenraucher wissen den Humidor in Griffnähe.

Einer der eifrigsten Raucher der Dichterwelt war übrigens *Nikolaus von Lenau*. Der Lyriker *Johann Christian Günther* konnte nur schreiben, wenn er ständig rauchte und unmäßige Mengen Wein zu sich nahm. Er verstarb schon im 28. Lebensjahre, was *Goethe* zu dem Urteil veranlaßte: »Er wußte sich nicht zu zähmen, und darum zerrann ihm sein Leben wie sein Dichten.«

Das Thema »Schriftstellerei und Genußgifte« soll an dieser Stelle verlassen werden. Jeder Autor hat selbst seinen Weg zur Glückseligkeit zu entdecken.

Sie wollen indes jede Ablenkung von Ihrer Arbeit ausschließen und sich ganz in Ihre Erinnerungen versenken. Also müssen Sie bereits im Vorfeld alles bedenken, planen und besorgen und entsprechende Vorbereitungen treffen.

Manche Autoren lieben leise musikalische Unterhaltung während der Arbeit. Zweifellos massiert Musik die Seele, und so kommt es denn wohl ganz darauf an, welcher Art die musikalische Untermalung ist, die ein Autor wählt.

Andere wiederum trinken frische Luft und lauschen den Lauten der Natur: sie genießen die Stille als das Atemholen der Welt.

Schreiben ist geschäftiger Müßiggang. Es ist ein entspannendes Hobby, bei dem Großes entstehen kann.

Wann beginnen?

Je früher ein Autor beginnt, seine Erlebnisse niederzuschreiben und daran zu feilen, desto reicher wird der Erfahrungsschatz sein, den er zusammenstellt. Anders als beispielsweise beim Erwerb des Führerscheins gibt es keine diesbezügliche altersmäßige Voraussetzung.

Es liegt ausschließlich und allein in der Hand des Autors, zu welchem Zeitpunkt er beginnt, seine Erinnerungen niederzuschreiben.

Die Niederschrift einer Autobiographie ist eine Frage von Reife und Erfahrung. Sie hat nur mittelbar mit dem Lebensalter zu tun.

Natürlich benötigt ein Autor für die Aufzeichnung seiner Erinnerungen ausreichend Zeit. Aber diese kann er sich, vernünftige Planung und Arbeitsorganisation vorausgesetzt, auch im Berufsleben nehmen.

Das Erreichen des Rentenalters, von vielen als magische Grenze angesehen, durchbricht lediglich die angebliche Schallmauer zur endlosen Freizeit, die eine sinnvolle Beschäftigung verlangt. Daß der Beginn des »Ruhestandes« tatsächlich als selbst gesetzter Termin für die Aufnahme einer schriftstellerischen Tätigkeit gewählt werden sollte, wird nach vorliegenden Erfahrungen und Lebenszeugnissen entschieden bestritten.

Der »Ruhestand« wird nicht selten als quälend empfunden. Eine plötzliche Leere umfängt den Pensionär. Die Lebensuhr wird neu gestellt, oft bleibt sie jedoch plötzlich stehen. Wer sich aber bereits mit einem Hobby, einer Leidenschaft, also beispielsweise schriftstellernd, auf die neue Lebensphase vorbereitet, der hat es fraglos leichter.

Aufgeräumt werden sollte mit der Meinung, eine Autobiographie dürfe erst verfaßt werden, wenn die Kräfte schwinden. Im Gegenteil: Wer schreibt, braucht Kraft, einen wachen Geist und geschmeidige Finger.

Der Prozeß, in dem Erinnerungen niedergeschrieben werden, erstreckt sich zudem meist über einen längeren Zeitraum, oft über viele Jahre. Schon aus diesem Grund ist jeder, der zeitig beginnt, gut beraten. Ergänzungen, Veränderungen und Löschungen an einem Manuskript sind schließlich nach dessen Fertigstellung immer noch problemlos möglich.

Nicht jeder Autor wird seine Schriftstellerlaufbahn damit beginnen, Erinnerungen zu schreiben. Der eine sucht im Land der Lyrik nach der »blauen Blume«, ein anderer übt sich in Kurzgeschichten.

Eltern schreiben Gute-Nacht-Geschichten für ihre Sprößlinge. Romane, Anekdoten, Tiergeschichten und Humoresken entstehen. Manch ein guter Brief ist eine literarische Delikatesse.

Es kann nur von Nutzen sein, seine Talente in den unterschiedlichsten literarischen Genres und Spielarten zu erproben. Sprache, Stil und Ausdruckskraft profitieren durch ständige Übung.

Ein gutes Buch sagt das, was der größte Teil seiner Leser denkt oder fühlt, ohne es zu wissen. Ein mittelmäßiges Buch hingegen verkündet lediglich, was jeder gesagt haben würde.

Das Schreibgerät

An erster Stelle bei der Prüfung der technischen Voraussetzungen für eine erfolgreiche Niederschrift steht das optimale Schreibgerät. Dieses bildet den eigentlichen Mittelpunkt von Arbeitszimmer und Schreibtisch.

Die meisten Autoren arbeiten mit der traditionellen Schreibmaschine, sei diese nun mechanisch oder bereits elektrisch angetrieben. Schriftsteller haben für gewöhnlich ein vertrautes Verhältnis zu ihrer Schreibmaschine, sie kennen deren Eigenarten genau: Anschlagdynamik, Haltbarkeit des Farbbandes, klemmende Typenhebel.

Die Geschichte der Schreibmaschine zeigt, daß etwa alle zehn Jahre ein Wechsel in der Gerätegeneration eintritt, die das Leben und Erleben der jeweiligen Benutzer prägt. Die Schriftsteller der dreißiger Jahre, besonders die aus dem angelsächsischen Raum, schworen auf ihre *Underwood*, eine äußerst robuste mechanische Schreibmaschine, auf der viele berühmte Romane entstanden.

Deutsche Schriftstellergenerationen wurden durch zuverlässige mechanische Geräte der Firmen *Adler*, *Triumph* und *Olympia* geprägt. Die Ära der elektronischen Schreibmaschine ist mit solchen international namhaften Firmen wie *Olivetti* und *Brother* verbunden.

Die stark vorwärts drängenden *PC*, die persönlichen Schreibcomputer, stammen meist von *IBM, Macintosh* oder anderen bekannten Herstellern.

Unaufhörlich geht der Trend zu komfortableren Schreibsystemen, die von immer mehr Autoren genutzt werden. Wer erstmals darangeht, einen größeren Text zu Papier zu bringen, sollte deshalb genau prüfen, ob er sich nicht besser den Vorzügen der neuen Technik öffnet.

Computer tragen in einem unerhört nützlichen Maße dazu bei, größere Texte zu ordnen und immer wieder bearbeiten zu können, ohne sie neu abschreiben zu müssen.

Häufig gelangt der Autor bei der Niederschrift einer Autobiographie zu einer brillanten Erkenntnis, einem neuen Einfall, einer frischen Idee, einem spontanen Gedankenblitz. In derartigen Fällen ist ihm der Computer ein flinker Helfer.

Der Autor sucht die entsprechende Stelle in seinem auf Computer erfaßten und inzwischen gespeicherten Manuskript auf, fügt die Ergänzung oder Abänderung ein, um dann an der Stelle, die er zuvor verlassen hat, mit dem Schreiben fortzufahren.

Vorteile bietet auch die durch den Computer gebotene Möglichkeit, den Text jederzeit bearbeiten und korrigieren zu können.

Es entfällt die Notwendigkeit, alles neu abzuschreiben, was bei herkömmlicher Technik oft geschehen müßte, jedoch aus Phlegmatismus oder Zeitmangel unterbleibt.

Die Entwicklung der Werkzeuge, mit denen Autoren schreiben und korrigieren, verlief in den letzten Jahrzehnten geradezu sprunghaft. Auch der derzeitige Stand der Computertechnik stellt lediglich einen weiteren Schritt in diese Richtung dar, den neue folgen werden.

Bleistift und Radiergummi wurden von Schreibmaschine und Tipp-Ex abgelöst. Diese wiederum wurden durch elektrische Schreibmaschinen mit eingebauten Korrekturbändern und Displays ersetzt, um schließlich von Computern mit Textverarbeitungsprogrammen abgelöst zu werden.

Kommende Generationen werden möglicherweise mit elektronischen »Gedankenschreibern« ausgestattet sein. Forscher arbeiten bereits an Maschinen, die unsere Gedanken direkt aus dem Hirn auf Speichermedien fixieren, so daß der Umweg über das gesprochene oder geschriebene Wort entfällt.

Gerade neuen Autoren bieten die modernen Techniken ungeahnte Chancen, die es zu nutzen gilt. Dabei sind Computer jedoch unterschiedlich gut für die Textverarbeitung geeignet.

Den bunten Versprechungen der Werbung ist ein gesundes Mißtrauen entgegenzusetzen. Mit einer exakt formulierten Fragestellung hingegen kann schon das geeignete Gerät gefunden werden.

Entscheidend ist, ein Schreibgerät auszuwählen, dem Sie vollkommen gewachsen sind, an dem Sie sich wohl fühlen und das Ihrem Gedankenfluß die nötige Form verleiht. Das kann genausogut ein klassischer Kolbenfüllhalter, ein edler Kugelschreiber oder ein Bleistift sein. *Goethe* und *Schiller* benutzten bekanntlich noch den Federkiel und schufen damit Hervorragendes. Erlaubt ist alles, was gefällt.

Memories, Memories

Jeder von uns kennt die peinliche Situation: Ein Name, eben noch auf der Zunge, ein Ereignis, eben noch im »Kopfkino« präsent, sind plötzlich verschwunden. Tief in den rabenschwarzen Abgrund des Vergessens stürzen Namen, Dinge und Ereignisse immer gerade dann, wenn wir sie dringend benötigen und aufrufen möchten.

Autoren, die sich aufmachen, die Geschichte ihres Lebens niederzuschreiben, kennen derartige Situationen aus häufiger Begegnung. – Wie war das damals doch gleich? Wann genau fand jenes Ereignis statt? Wer war wirklich seinerzeit bei jenem Ereignis zugegen?

Solche Standardfragen sind jedem, der aktiv in seinen Erinnerungen lebt und mit ihnen arbeitet, vertraut. Was der Mantel der Zeit erst einmal bedeckt hat, kehrt nur schwer in die Erinnerung zurück.

Was tun gegen kurz- oder längerfristige Gedächtnislücken, die den Fluß der Erzählung hemmen? Der Methoden sind viele.

Sicherlich haben Mitmenschen, die bereits als Jugendliche Tagebuch führten und darin ihre intimsten Gedanken und Erlebnisse schriftlich fixierten, Vorteile gegenüber jenen, die vielleicht erst nach fünf, sechs oder sieben Jahrzehnten beginnen, ihr Leben aufzuschreiben. Doch die Autoren, die ein ganzes Leben in Tagebuchform vorweisen können, bilden eine verschwindend kleine Minderheit. Denn ein Tagebuch wird gewöhnlich nur in bestimmten Lebensabschnitten oder unter großer emotionaler Belastung geschrieben. Der überwiegende Teil derjenigen, die sich mit der Absicht tragen, ihre Lebenserinnerungen zu Papier zu bringen, ist auf andere Hilfsmittel angewiesen und letztlich auf sich allein gestellt.

Dabei kann es sich als nützlich erweisen, regelmäßig Stichworte, Anekdoten oder kleine Begebenheiten zu notieren, um diese später mit dem Gesamttext zu verschmelzen. Liebgewordene Kleinodien, Fotografien und persönliche Erinnerungsstücke rufen farbenprächtige Assoziationsketten hervor, die dann niedergeschrieben werden können. Gespräche mit Freunden, Verwandten und Bekannten tragen dazu bei, Erinnerungslücken auszufüllen und das entsprechende Wissen zu ergänzen. Oft genügt es, zum Telefon zu greifen und nachzufragen. Jeder erinnert sich nämlich auf seine ganz persönliche Weise anders.

So kann die Arbeit an einer Biographie auch damit beginnen, alte Freunde wieder einmal anzusprechen und sich gemeinsam zu erinnern. Das hat den positiven Nebeneffekt, Kontakte aufrechtzuerhalten. Der Angesprochene wird es zu danken wissen.

Die spontane Niederschrift eines ganzen Lebens oder wesentlicher Zeitabschnitte gelingt nach allen

Erfahrungen selten. Es empfiehlt sich deshalb, einen möglichst exakten Plan zu erstellen, welche Personen erwähnt und welche Ereignisse und Begebenheiten beschrieben werden sollen.

Natürlich: Vieles kommt erst beim Schreiben und ist oft besser als jedes noch so ausgeklügelte Konzept. Aber: Mit einem durchdachten Konzept lassen sich gedankliche Ausschweifungen, die bei der Niederschrift unweigerlich aufkommen, zähmen. Nur der konzeptionelle Aufbau der Darlegungen gewährleistet den fruchtbringenden Dialog zwischen Autor und Leser.

Unser Gedächtnis ist »das Tagebuch, das wir immer mit uns herumtragen«, formulierte *Oscar Wilde*. Die Aufgabe eines Memoiren-Schreibers besteht darin, in den ausgetretenen Pfaden des Gehirns zu wandern, um sein Gedächtnis, diese Sparbüchse des Geistes, mit den Mitteln der Sprache vor dem Verblassen zu bewahren.

Die Schreibutensilien

Auf jeden Schreibtisch gehört, auch um plötzliche Gedanken sofort niederschreiben zu können, eine ausreichende Menge Schreibpapier. Aber auch andere Requisiten sind auf dem Arbeitsplatz des Autors unentbehrlich.

Schreiben Sie mit der Maschine, dann rüsten Sie sich mit einer ausreichenden Menge hochweißem Schreibmaschinenpapier aus. Schreiben Sie mit der Hand, liegt vielleicht ein Stoß wertvolles Büttenpapier vor Ihnen auf der Schreibplatte.

Planen Sie Ihren Papierbedarf genau, und kaufen Sie rechtzeitig und großzügig eine ausreichende Menge Schreibpapier, Kuliminen, Tinte und Farbbänder ein. Es ist schon deprimierend, ausgerechnet in einer aktiven Schaffensphase von der Technik im Stich gelassen oder durch fehlende Hilfsmittel aufgehalten zu werden.

Stellen Sie sich vor, Sie haben eine brillante Formulierung auf der Zunge, aber kein Papier im Haus. Das frustriert.

Auch sogenanntes Schmierpapier zur raschen Niederschrift roher Gedanken und Stichpunkte sollte in Griffnähe liegen. Viele Autoren arbeiten mit Zettelkasten oder Karteikarten, um Gedanken zu sammeln.

Nachschlagewerke benötigt jeder Autor. Es ist ein Zeichen von selbstkritischer Intelligenz, den Duden und andere Wörterbücher stets in unmittelbarer Nähe zu wissen und auch ständig zu benutzen. Kenntnis und Beherrschung der Orthographie zählen zu den unabdingbaren Voraussetzungen einer hohen Sprachkultur.

Daher gehört zum Arbeitsplatz des Autors ein Band *Duden-Rechtschreibung*. Erforderlich ist weiterhin ein *Fremdwörterbuch*, das die Schreibung und Bedeutung von Fremdwörtern ausweist. Ein *Synonymwörterbuch* stellt sinn- und sachverwandte Wörter und Wendungen vor, damit Wiederholungen vermieden werden können.

Ein aussagekräftiger Text lebt vom richtigen und vom guten Deutsch. Deshalb können demjenigen, der tiefer in die Geheimnisse unserer Muttersprache eindringen will, auch ein *Stilwörterbuch*, ein *Bedeutungswörterbuch* und ein *Wörterbuch der Sprachschwierigkeiten* hilfreich sein. Schließlich entwickelt sich die deutsche Sprache ständig weiter, und Zweifelsfälle, Varianten, Probleme und Schwierigkeiten treten beim Schreiben zahlreich auf. Denken Sie nur an die Tükken der Groß- und Klein- sowie der Getrennt- und Zusammenschreibung.

Jeder Schreibende, der einen Sachverhalt, eine Absicht oder Empfindung so genau wie möglich bezeichnen will oder sich um eine Ausdrucksvariante bemüht, weiß, wie mühsam oft die Suche nach dem richtigen, dem treffenden Wort oder einem bedeutungsähnlichen Ausdruck ist.

Für den richtigen Gebrauch einer Sprache ist die Kenntnis ihres Wortschatzes und ihrer Grammatik zwingend erforderlich. Aber erst wenn ein Autor die Wörter und Wendungen auch nach ihrem stilistischen Wert unterscheiden und somit auch in seinem Werk gezielt einsetzen kann, beherrscht er die Sprache vollkommen. Unsere Sprache kennt feinste Schattierungen, die es aufzuspüren und im eigenen Sprachgebrauch zu nutzen gilt.

Nehmen wir beispielsweise den Begriff »Mensch«.

Ein Mensch kann schön, häßlich, klug, gescheit, geistreich, witzig, töricht, eigensinnig, albern, unwissend, bedeutend, natürlich, geziert, gekünstelt, anständig, ordentlich, manierlich, solide, reizend, nett, liebenswürdig, tapfer, ängstlich, feige, niederträchtig, boshaft, gemein, ungeschliffen und vieles andere sein.

Wir können ohne konventionelle Schranken von Mensch zu Mensch sprechen, sind schüchtern im Umgang mit Menschen, kennen die herzensgute Seele von einem Menschen, bezeichnen unsere Schwächen als menschlich, nennen unseren Magen scherzhaft den inneren Menschen, den es kulinarisch zu bedienen gelte, und pflegen den äußeren Menschen, indem wir auf unsere Larve achten ...

Stilistische Schattierungen dienen dazu, einen Zeitgenossen oder einen Vorgang exakter auszuleuchten und treffender zu bezeichnen. Wer auf derartige Feinheiten achtet und stets gefühlvoll und angemessen mit Sprache umgeht, wird einen höheren Grad an Sprachfertigkeit erreichen.

Meisterschaft erlangt derjenige, der sich ständig übt, der um den treffenden Ausdruck ringt und Sprache als künstlerisches Gestaltungsmittel begreift, der Nachschlagewerke regelmäßig und effektiv nutzt und bei wirklichen Meistern der Sprache in die Schule geht, indem er liest und liest und liest ...

Im Kopfkino

Wir denken und empfinden assoziativ, in zumeist unwillkürlichen Bildketten. In unserem »Hirncomputer« haben wir bewußt und unbewußt Millionen verschiedenster Eindrücke, Abläufe und Szenen abgelegt, die blitzschnell aufgerufen und in den aktiven »Arbeitsspeicher« überspielt werden können. Diese zahllosen kleinen Filmstreifen sind mit unserem Leben und Erleben unmittelbar verwoben.

Sinnlos wäre das Unterfangen, ein menschliches Hirn mittels einer Autobiographie sozusagen zu entleeren und möglichst jeden kleinen Film, der in den grauen Zellen gespeichert ist, niederzuschreiben. Autoren, die mit einem solchen Vorsatz an die Niederschrift ihrer Erinnerungen gehen, werden bald erkennen, daß eine derartige Sisyphusarbeit zum Scheitern verurteilt ist. Selbst wenn ein solcher Vorsatz tatsächlich einmal realisiert würde: es entstünde ein Konvolut mit hunderttausend Seiten, vor dem jeder kapitulieren müßte.

So schwer es auch immer sein mag: der Autor muß sich auch entscheiden können, die eine oder andere – gewiß wichtige – Begebenheit aus seinen Darlegungen zu streichen beziehungsweise gleich wegzulassen.

Das ist ein mitunter qualvolles Unterfangen, denn alles scheint wichtig, zumal ständig neue Sequenzen im Kopfkino auf die Leinwand gelangen.

Unser Hirncomputer ist empfindlich leicht ablenkbar: Ein neuer Eindruck, ein kleines Geräusch, ein flüchtiger Geruch, ein frischer Geschmack, jede klitzekleine Sinneswahrnehmung rufen neue Erinnerungsdateien in unserem persönlichen Großhirnrechner auf, die sich zu endlosen Bändern und Reaktionsketten verknüpfen. Es ist anstrengend und mühsam, »bei der Sache zu bleiben«.

Dieser Prozeß ist genuin. Fließendes Wasser wird immer den Weg des geringsten Widerstandes gehen, Hindernisse umfließen, obwohl dies selten der kürzeste Weg ist. Ähnlich arbeiten unsere Gedanken, zumal wenn wir uns erinnern. Die Moleküle, die unsere Gehirnwindungen durchströmen und die Erinnerungen transportieren, sind in einem gewissen Sinne träge und plätschern dort entlang, wo es am schnellsten und reibungsfreiesten geht.

Die assoziative Methode, also das in unserem Bewußtsein ablaufende Aneinanderhängen von Erinnerungsfetzen und Bildern, ist dem Gelingen einer Autobiographie in den seltensten Fällen dienlich. Durch den Urwald der Erinnerungen gilt es vielmehr eine breite, pfeilgerade Schneise zu schlagen, auf welcher der Autor seinen Leser sicher führt.

Um der Vorliebe unserer Gedanken, sich ablenken zu lassen und damit durch Zeit und Raum zu mäandern, einen Riegel vorzuschieben, lohnt es, vorab Stichworte zu sammeln und Schwerpunkte zu fixieren, die ein organisches Erzählen ermöglichen. Je mehr Material geordnet vorliegt, desto effektiver wird die Arbeit am Projekt Autobiographie sein.

Unser Gedächtnis überspringt leicht und locker Jahrzehnte. Es hat die einmalige Fähigkeit, Gedanken, Bilder blitzschnell und auf den verschiedensten Ebenen zu verknüpfen. Das ist eine grandiose Leistung, die aber mit den Mitteln der Sprache nur von geübten Schriftstellern sicher nachvollzogen werden kann.

Ihre Niederschrift sollte übersichtlich sein und eine nachvollziehbare Ordnung aufweisen. Das ist mit ein wenig Arbeitsdisziplin gut zu schaffen. Auch moderne Techniken können hier nützlich sein.

Ein handliches Diktiergerät oder ein Tonband mit Aufzeichnungsmöglichkeit kann eingesetzt werden, um bestimmte Lebensabschnitte festzuhalten, bevor die eigentliche Arbeit des Schreibens beginnt. Die Bänder können von einer zuverlässigen und diskreten Schreibkraft abgetippt werden und bieten Grundlagen für das spätere Werk. Diktaphone gibt es im Fachhandel bereits für relativ wenig Geld. Eine solche Anschaffung greift den Geldbeutel in jedem Fall weniger an als die Investition in ein hochmodernes Computersystem.

So kann Technik zum geordneten Ablauf einer Niederschrift beitragen, die am besten in chronologischer Form gehalten werden sollte.

Die Gliederung

Stellen Sie sich vor, Sie fahren mit Ihrem Auto in die Ferien: Die Koffer sind gepackt, das Gepäck ist sicher verstaut, die Mitreisenden haben erwartungsvoll Platz genommen, Proviant ist an Bord, der Tank randvoll. Die Fahrt kann beginnen.

Ein umsichtiger Autofahrer hat weitere Voraussetzungen für das Gelingen der Reise geschaffen: Er hat das vorhandene Kartenmaterial bereits studiert und eine genaue Route festgelegt, um sicher, wohlbehalten und direkt das angesteuerte Ziel zu erreichen.

Wer seine Erlebnisse niederschreiben, wer auf eine Reise durch Zeit und Raum gehen will, ist gut beraten, zuvor ebenfalls das Gelände zu erkunden und einige Stationen gliedernd festzulegen. Es ist nützlich, Meilensteine des eigenen Lebens und Erlebens zu notieren, an denen die Fahrt vorbeiführen soll, um sie im Auge behalten und ansteuern zu können.

Bestimmte Wegstrecken im Leben können nämlich rasant beschrieben werden, wie die Fahrt auf einer wenig belebten Autobahn. Andere Strecken wiederum zwingen den Erzähler, auf Windungen und Hindernisse einzugehen, herunterzuschalten und im kleinen Gang langsamer wichtige Dinge am Wegesrand wahrzunehmen und zu verstehen. Es ist gut, dies bereits im Vorfeld der Niederschrift zu wissen.

Dann gibt es im Leben – wie auf einer Autofahrt – Rastpunkte, an denen pausiert und auf die bisherige Wegstrecke zurückgeblickt wird. Es mag zu Pannen und Verzögerungen kommen, Unfälle und weitreichende Ereignisse können Wunden reißen und den Verlauf einer Fahrt vollständig verändern.

Als Autor, der seine Erinnerungen zu Papier bringen will, wissen Sie um diese Dinge, die letztlich Ihr bisheriges Leben ausmachten und Sie persönlich exakt zu dem Punkt führten, an dem Sie heute stehen. Da gab es Höhen und Tiefen, Erfolge und Mißerfolge, Glück und Verzweiflung, Liebe und Haß.

Ihre selbstgestellte Aufgabe lautet, dies alles in einem Text komprimiert zu beschreiben, zusammenzufassen und zu bewerten. Gutes Kartenmaterial wird Ihnen bei der Bewältigung dieser Aufgabe nützlich sein. Sie müssen dieses allerdings selbst anfertigen.

Schreiben Sie deshalb, bevor Sie mit dem eigentlichen Fließtext beginnen, einen kurzen biographischen Abriß zu Ihrer Person. Notieren Sie die wesentlichen Daten, Wirkungsstätten und Personen, die Ihr Leben begleiteten und prägten. Wählen Sie hierfür die Form des Lebenslaufs als skizzenhafte Darlegung der Stationen Ihres Lebens und Wirkens.

Ein Lebenslauf ist eine am Kalendarium orientierte Tabelle, die sämtliche wesentliche Informationen über Leben, Ausbildung, Beruf, Familienstand, Wohn- und

Wirkungsstätten auflistet. Er referiert ein Leben stichpunktartig.

Ist der Lebenslauf erstellt, untergliedern Sie diesen in Teile, Kapitel und Abschnitte. Damit erhält Ihr späteres Werk bereits eine konkrete Gliederung zur Orientierung bei der Niederschrift. Typische und häufig anzutreffende Kapitel beziehungsweise Abschnitte sind: »Kindheit«, »Jugend«, »Lehr- und Wanderjahre«, »Studium«, »Beruf«, »Krieg«, »Gefangenschaft«, »Wiederaufbau«, »Umzug«, »Hausbau« usw.

Natürlich haben Sie all das, was Sie in diesen Lebenslauf schreiben, auch jederzeit abrufbereit in Ihrem Bewußtsein gespeichert.

Nach aller Erfahrung ist es bei der Erarbeitung eines umfangreichen Textes nützlich, methodisch vorzugehen und sich bereits im Vorfeld über den späteren Aufbau des Werkes Gedanken zu machen. Erinnerungen sind solche umfangreichen Werke, die große Zeitspannen mit den Mitteln der Sprache zusammenfassen und verdichten.

Das Erfordernis einer Gliederung ist für jedes wissenschaftliche Werk allgemein anerkannt und unbestritten. Kaum bekannt ist hingegen, daß berühmte Schriftsteller ihre Krimis, Romane und Erzählungen ebenfalls nur nach exakten Gliederungen schreiben, um sich und dem Leser einen sicheren Weg durch das Gestrüpp ihrer Gedanken zu bahnen.

Im Dickicht der Details

Eine gut geschriebene Autobiographie – und das gilt eigentlich für jeden Text – kann der Leser wie ein Gebäude durch die Eingangstür betreten. Er muß weder durch den Keller krabbeln noch durch den Schornstein rutschen.

Je klarer der Text ein Gedankengebäude vor seinem Betrachter errichtet, desto leichter findet dieser sich darin zurecht, wenn er von Stockwerk zu Stockwerk pilgert und in die Zwischengeschosse schaut.

Ein Leben ist von vielen Seiten und unter verschiedenen Blickwinkeln darstellbar. Wählen Sie die Perspektive, die Ihrem Anliegen am besten entspricht. Wenn Sie es schaffen, diesen Blickwinkel konsequent einzuhalten, wird Ihr Text rund, interessant und gut lesbar.

Sicherlich wird jede Niederschrift letztlich subjektiv gefärbt sein. Das ist natürlich und muß so sein. Gerade der eigene Betrachtungswinkel ist es doch, der einer Autobiographie Farbe verleiht. Erinnerungen sind immer persönlich.

Die Gefahr, in der ein Autor schwebt, ist damit allerdings auch bereits programmiert. Der Autor kennt jedes Detail seines Lebens, er war schließlich von Anbeginn »dabei«. Aber transportiert er in seiner Schilderung auch genügend Informationen über die näheren Umstände, die seiner Erzählung zugrunde liegen?

Gehen Sie deshalb sparsam um mit der Aufzeichnung und Darlegung von Namen, Ereignissen und Kleinigkeiten. Eine Biographie wertet ihren Verfasser selten auf, wenn dieser in endloser Folge Namen, Ereignisse und Daten referiert. Hier ist weniger oft mehr.

Prüfen Sie genau, welche Personen, beispielsweise aus Ihrer Familie, im Text genannt werden sollen. Reduzieren Sie Ihre Darstellung auf die wichtigsten und interessantesten Persönlichkeiten, und gestalten Sie diese dafür mit den vielfältigen Mitteln der Sprache in Ihrer Beschreibung um so ausführlicher.

Verwechseln Sie die Darstellung Ihres Lebens jedoch mit einem Würfelspiel, bei dem Namen, Ereignisse und Daten in zufälliger Folge ständig neu geschüttelt und ausgeworfen werden, dann werden Sie den Leser schnell verwirren.

Bei vielköpfigen und weitverzweigten Familien kann es für den Leser nützlich sein, am Ende des Buches einen Stammbaum zu finden. Dort kann er schnell nachschlagen, ob Karl August der Mann von Josepha oder der Bruder von Cousin Friedrich Wilhelm war.

Davon unabhängig ist darauf zu achten, daß jede Person, die in das Geschehen eingeführt wurde, auch wieder hinausgeleitet wird. Der Autor kennt selbst die

Geschichte jeder einzelnen Figur und wird keinen vernünftigen Grund finden, zentrale Informationen auszusparen. Er wird sich bemühen, die einzelnen Personen und Handlungsstränge sauber im Auge zu behalten, natürlich abhängig von ihrer Bedeutung und ihrem Stellenwert für den Fortgang der Schilderung.

So wichtig es ist, das Gebäude des eigenen Lebens perspektivisch auszuleuchten, so notwendig ist es aber auch, das Innere auszumalen. Jedes Zimmer, Treppenhaus, Etagen, Keller und Dachboden werden vorgestellt und kurz oder ausführlicher beschrieben. So kann der Leser einen klaren Gesamteindruck gewinnen. Er wird sich gern in diesem Lebensraum aufhalten und interessiert dem Geschehen lesend folgen.

Um zu lernen, wie man Darlegungen strukturiert und weniger wichtige Details zugunsten grundlegender Informationen ausläßt, lohnt es sich, bei erfahrenen Autoren zu hospitieren. Profischreiber arbeiten gern mit klar gefaßten Schemata und Gliederungskonzepten. Außerdem verfügen sie über wirkungsvolle Zaubertricks, die auch der Hobbyautor schnell meistern lernt.

In den folgenden Kapiteln werden einige dieser gut gehüteten Berufsgeheimnisse für Sie gelüftet. Dabei handelt es sich um Arbeitsschritte, die eigentlich jeder Autor beachten sollte, unabhängig davon, ob er Gedichte, einen Roman oder seine Autobiographie schreibt.

Der Rohbau

Inzwischen haben Sie Ihren gegliederten Lebenslauf geschrieben. Dieser soll nun angereichert werden. Hinweise auf Ereignisse, Erlebnisse und Episoden, die in den jeweiligen Lebensabschnitten erwähnt, erzählt beziehungsweise dargestellt werden sollen, fügen Sie dabei den einzelnen Kapiteln hinzu.

Der tabellarische Lebenslauf und der Gliederungsaufbau des künftigen Manuskriptes bilden dessen Rohbau. Beginnen Sie jetzt mit der Beschreibung dessen, was die einzelnen Räume Ihres Lebensgebäudes enthalten sollen.

Hierzu zählen alle Geschehnisse, die aus Ihrer Sicht für das Verständnis und die Darlegung Ihrer Lebenserinnerungen notwendig sind. Das können konkrete Ereignisse aus der Sphäre der Familie (Verlobung, Hochzeit, Hausbau, Umzug, Geburt, Krankheit, Tod) sein. Der berufliche Werdegang (Gesellenprüfung, Abitur, Diplom, Beförderung) spielt ebenfalls eine wichtige Rolle.

Mitbestimmt ist das Schicksal des einzelnen von Politik und Wirtschaft (Wehrdienst, Krieg, Gefangenschaft, Diktatur, Vertreibung, Arbeitslosigkeit, Aufbau). Aber auch die Ergebnisse eigener Forschungen und Überlegungen, Auslandsreisen und andere bedeutungsvolle Ereignisse gehören an den ihnen zustehenden Platz.

Stichpunktartig fügen Sie ein Stichwort zum anderen und entwerfen so das farbenprächtige Mosaik Ihres Lebens. Stück für Stück entsteht auf diese Weise der Rohbau des künftigen Manuskriptes. Obwohl Sie noch kein einziges Kapitel Ihrer Erinnerungen zu Papier gebracht haben, füllen Sie bereits Seite um Seite mit der Gliederung des künftigen Textes.

Bei der Ausarbeitung der Gliederung werden Sie ständig von Ihren Erinnerungen eingeholt werden. Immer neue Namen, Ereignisse und Daten fallen Ihnen ein, die das Gesamtwerk harmonisch runden. Spätestens an dieser Stelle wird Ihnen der Nutzen des hier vorgeschlagenen etappenweisen Herangehens an das Manuskript deutlich.

Zum jetzigen Zeitpunkt ist es nämlich noch völlig unkompliziert, die eine oder andere Ergänzung vorzunehmen. Später, bei der eigentlichen Niederschrift, stören jähe Einfälle und Erinnerungssplitter den Fluß des Erzählens.

Es ist nun nützlich, die einzelnen Kapitel und Episoden entsprechend ihrer jeweiligen Bedeutung zu gewichten. Damit bestimmen Sie bereits den ungefähren Seitenumfang für die verschiedenen Lebensabschnitte. Sie setzen damit auch individuelle Schwerpunkte Ihrer späteren Schilderung.

Vielleicht möchten Sie in erster Linie über Ihre Kindheit und Jugend berichten, vielleicht sind Krieg und

Vertreibung die Schwerpunkte Ihrer Erinnerungen. Sie werden die Prioritäten so setzen, wie sie in Ihrem Bewußtsein gespeichert sind. Ihre persönliche Gliederung verdeutlicht dies nur.

Nehmen wir einmal an, Sie setzen für die Niederschrift Ihrer Lebenserinnerungen 300 Maschinenseiten an. Natürlich können es auch wesentlich mehr oder weniger sein. Räumen Sie, ausgehend von dieser selbstgesetzten Zahl, den einzelnen Kapiteln den ihnen hinsichtlich ihrer Wertigkeit und Informationsdichte zukommenden Platz ein.

Hier müssen Sie glasklare Prioritäten setzen. Soll der Schwerpunkt Ihrer persönlichen Erinnerungen also beispielsweise auf die Hölle des Krieges, die Sie durchlebten, gelegt werden, dann ist es kaum sinnvoll, zwei Drittel des Gesamtumfanges (also 200 von 300 Seiten, um im Beispiel zu bleiben) auf die Freuden einer vielleicht unbeschwerten Kindheit zu verschwenden. Es würde beim Lesen des späteren Gesamttextes ein falscher, vom Autor nicht beabsichtigter Eindruck entstehen.

Durch die per Umfang gesetzte Gewichtung einzelner Kapitel, Episoden und Abschnitte bestimmen Sie Gesamteindruck und Schwerpunkte Ihrer Erinnerungen. Es ist daher sowohl klug als auch arbeitsökonomisch, sich bereits im Vorfeld das eigene Anliegen vollständig klarzumachen und den oder die Höhepunkte festzulegen.

Bei der späteren Niederschrift sollten Sie Ihre Gliederung immer wieder selbstkritisch zur Hand nehmen. Überprüfen Sie an ihr wie an einer Meßlatte, ob Sie Ihren im Vorfeld gefaßten Vorsätzen treu geblieben sind.

Sobald Sie ein Kapitel fertiggestellt haben, können Sie es zur Gesamtgliederung in Beziehung setzen, seinen Umfang mit den festgesetzten Prioritäten vergleichen, um eventuell für die Arbeit an nachfolgenden Abschnitten Schlüsse zu ziehen. Fällt ein Kapitel notwendig umfangreicher aus als ursprünglich geplant, hilft die Kontrolle anhand der Gliederung, andere Abschnitte kürzer zu fassen.

Am Anfang steht das Wort

Ist nun erst einmal die Methode, Erinnerungen zu
ordnen und aufzubereiten, gewählt und das Werk-
zeug, mit dem der Text niedergeschrieben wird, be-
stimmt, beginnt die eigentliche Arbeit der Niederschrift.
Und sooft wir uns auch drehen und wenden: wir müssen beginnen.

Interessant in diesem Zusammenhang: Alle berühmten und vielgelesenen Autoren, von *Schiller* bis
Simmel, haben klein angefangen. Keiner von ihnen
wurde als Star geboren. Viele mußten Hunger leiden,
Verlegern nachlaufen, Werke auf eigene Kosten her-
ausgeben.

Aber gemeinsam war und ist allen der unerschüt-
terliche Wille, gute Texte zu schaffen. Sie alle haben
immer wieder am Manuskript gefeilt, das Gespräch mit
dem Leser gesucht, umgeschrieben, nachgedacht, in
Frage gestellt. So sind jene Werke entstanden, die Millionen Leser kennen und lieben.

Auch für das Schreiben gilt: Aller Anfang ist schwer.
Schreiben ist Arbeit und die Aufzeichnung einer Autobiographie eine Tätigkeit, die höchste Konzentration
und einen langen Atem verlangt.

Doch wer erst einmal den Anfang gemacht, wer einen Einstieg in seine Lebensschilderung gefunden, wer

die ersten Seiten zu Papier gebracht hat, dem werden die Worte immer schneller aus der Feder fließen, so daß die Hand dem Gedankenfluß kaum noch folgen kann. Bald finden Sie Ihr persönliches Arbeitstempo, alles richtet sich wie von selbst, und Stück für Stück beschreiben Sie Ihr Leben.

Das Wort vom schweren Anfang gilt besonders für Autobiographien, die meist wenig spektakulär und leise an den Leser herantreten, ihn aber dennoch faszinieren wollen. Schauen Sie sich deshalb den Anfang der Lebenserinnerungen von Schriftstellern an, die nachweislich ein Millionenpublikum fasziniert haben. Vielleicht finden Sie eine zündende Idee!

Der Einstieg über die glückliche Kindheit

Die meisten Lebenserinnerungen beginnen dort, wo die Erinnerung einsetzt: in der frühen Kindheit. Gleich im ersten Satz führt Bestseller-Autorin *Agatha Christie* den Leser ihrer Autobiographie in ihre behütete großbürgerliche Welt ein, in der die Wiege ihres Erfolges stand. Hier regierte keine Not; es entfaltete sich ein harmonisches Dasein.

»Eines der glücklichsten Dinge, die im Leben geschehen können, ist eine glückliche Kindheit. Ich hatte eine sehr glückliche Kindheit. Ich hatte ein Heim und einen Garten, den ich liebte; ein kluges und geduldiges Kindermädchen, wie Vater und Mutter zwei

Menschen waren, die sich hingebungsvoll liebten und aus ihrer Ehe und ihrer Familie etwas machten.«

Der sozialkritische Einstieg

Ähnlich und doch vollkommen anders beginnt ein Autor, der zeit seines Lebens unter den sozialen Bedingungen litt, in die er hineingeboren wurde. Abenteuerschriftsteller *Karl May* eröffnet scharfzüngig seine Erinnerungen an Leben und Werk.

»Ich bin der Sohn blutarmer Webersleute. Man hielt mich für begabt. Man wünschte, ich solle studieren. Aber für Gymnasium und Universität gab es keine Spur von Mitteln. Da hungerten und kümmerten meine Eltern und Geschwister jahrelang, um mir durch den Seminarbesuch zu ermöglichen, Lehrer zu werden. Ich ward es, war aber dann so arm, daß ich nicht einmal die allerbilligste Taschenuhr besaß, die Zeit des Unterrichts zu regeln.«

Lokalkolorit als Einstieg

»Auf meinen Vater besinne ich mich nur undeutlich«, beginnt *George Grosz*, der aufsässigste und explosivste Künstler der zwanziger Jahre, die Bilanz seines Lebens. Er fährt fort:

»Er starb, als ich sechs Jahre alt war. Wir wohnten

damals in der kleinen Stadt Stolp in Hinterpommern, und mein Vater bewirtschaftete als Kastellan und dienender Bruder die dortige Freimaurerloge. Das schöne Logenhaus lag dem Gymnasium gegenüber an einer ruhigen, guten Straße, hinten schloß sich ein großer Garten mit Tennisplätzen an und in einem zweiten, mehr verwilderten Garten, ein geheimnisvoller runder Teich voller Kaulquappen und Frösche. Dieser Teich war von abendlichen Legenden umgeistert; man erzählte sich, er habe keinen Grund – ein schauriges, unendliches Loch, also von Entengrütze bewachsen, verschilft und ein Mückenparadies. Daß er doch nur ein bescheidenes Teichlein war, wurde erst klar, als er später zugeschüttet wurde und damit auch die Wasserkobolde und tanzenden Nachtlichter verschwanden, mit denen unsere Phantasie ihn ausgeschmückt hatte.«

Das Ereignis als Aufhänger

Ist es den meisten Autoren gegeben, über die frühesten Erinnerungen in die Welt der autobiographischen Niederschrift einzutreten, so finden andere Autoren ein bedeutendes Ereignis, einen Schicksalsschlag oder einen besonderen Jahrestag bzw. ein Datum derartig entscheidend für ihr Leben, daß sie dies als Einstieg für ihren Text wählen. Ein solcher prägnanter Einstieg ermöglicht es Autor und Leser, sogleich in medias res einzutreten und ein erstes Gähnen zu vermeiden. Mit dieser Methode zieht *Julien Green* im zweiten Band seiner Autobiographie »Jugend« die Leser in seinen Bann.

»An einem blau-goldenen Herbsttag setzte ich zum ersten Mal den Fuß auf amerikanischen Boden. Wir standen alle auf einem der New Yorker Kais und warteten auf die Zollkontrolle. In diesem strahlenden Licht kam ich mir gleichwohl wie in einem bösen Traum gefangen vor. Zu meinen Füßen stand der große, über und über mit bunten Etiketten beklebte Koffer meines Vaters sowie die schwarze, ein wenig nach Trauer aussehende Offizierskiste, die mich an die wenigen Monate meines Militärdienstes bei der französischen Artillerie erinnerte.«

Das Lebensgefühl als Einstieg

Mit einem Rückblick auf den Zeitgeist früherer Zeitalter betritt *Heinrich Mann* die Bühne seiner Erinnerungen, die er folgerichtig »Ein Zeitalter wird besichtigt« nannte.

»Die wenigen Jahrhunderte, die noch nahe genug liegen, daß sie mich nicht befremden, haben offenbar das Leben auf ungleiche Art empfunden. Da sind aufbegehrende Zeitalter, und da sind die zurückgefallenen. Einmal wird ein Glaube redigiert, er drückt nicht die Gemüter, er erhält sie. Renaissance und Reformation haben, bei stark abweichendem Inhalt, beide das Lebensgefühl verstärkt ...«

Der poetische Einstieg

Der weltberühmte chilenische Dichter und Nobel-
preisträger *Pablo Neruda* erweist sich in seinen Memoiren »Ich bekenne, ich habe gelebt« als Poet von Rang.
Er beginnt sein Werk, indem er seiner Erinnerung an
die Wälder seiner Heimat assoziativ freien Lauf läßt:

»... unter den Vulkanen, vor den Schneebergen,
zwischen den großen Seen – der wohlriechende, der
stille, der wilde chilenische Wald ... Die Füße versin-
ken im toten Laub, ein brüchiger Zweig knackt, die
riesigen Araukarien recken ihre krause Gestalt, ein
Vogel des kalten Urwalds kommt geflogen, flattert, läßt
sich im schattigen Gezweig nieder. Und wie eine Oboe
tönt es aus seinem Versteck ...«

Wie werden Sie Ihre Aufzeichnungen beginnen?

Stellen Sie sich vor, Sie sitzen im Theater. Zum
drittenmal hat die Glocke gerufen. Die Lichter verglim-
men. Das Gemurmel der Zuschauer erstirbt. Atemlos
und gespannt erwartet das Publikum das erste Bild.

Musik erklingt. Schwer hebt sich der dunkle Vor-
hang. Scheinwerfer hüllen die Szenerie in weiches
Licht. Das Bühnenbild nimmt Konturen an. Endlich
betritt der Held die Bühne.

Das Publikum entspannt sich, atmet tief durch und
genießt zufrieden. Das Stück nimmt seinen Lauf.

Der Einstieg entscheidet vieles. Bemühen Sie sich, ein guter Regisseur der Inszenierung Ihres Lebens zu sein.

Setzen Sie Ihre Mittel sparsam, aber auch großzügig ein. Vermeiden Sie es, kleinlich zu sein.

Beachten Sie, ob auch die hinteren Ränge alles gut erkennen und verstehen können. Kein Zuschauer soll bereits nach dem ersten Akt ungeduldig mit den Füßen scharren oder mit Bonbonpapier knistern.

Am Anfang steht das Wort. Die Wahl der Worte, ihre Zusammenstellung, das Bild, das Sie mit der Kunst Ihrer Ausdruckskraft entwerfen – dies alles liegt allein in Ihrer Hand. Der Anfang entscheidet in vielen Fällen darüber, ob der Leser einem Text treu bleibt und ihn weiter liest.

Gehen Sie sorgfältig, aber auch schwungvoll mit Ihren Fähigkeiten um. Sie wollen mit Ihrer Schreibe begeistern. Schreiben ist Magie.

Also dann:
	Vorhang auf!

Die große Chance

Memoiren erschließen ihren Autor und seine Zeit in einem gänzlich anderen Licht. Sie erklären und erläutern, vergleichen, mahnen, warnen.

Ein Memoirentext ist immer etwas Einzigartiges. Er lebt und wirkt, weil er weitgehend wahr ist, stärker als manch ein Kriminalroman.

Jedes Leben verläuft unterschiedlich spektakulär, in Abhängigkeit beispielsweise davon, ob der betreffende Mensch in grausame Kriege zieht, ob er stürmische Weltmeere durchkreuzt oder ob er im bemessenen Raum einer kleinen Kate lebt.

Der Wahrheitsgehalt und eine ihm angemessene Form des Vortrags sind deshalb auch die große Chance der Autobiographie. Das geschriebene Wort verliert in unserer Zeit vor allem deshalb an Kraft, weil der Leser leeren Geschwätzes, schamloser Unterstellungen und öffentlicher Betrügereien müde geworden ist. Vornehmlich die immer mehr zu Laienschauspielern verkommenden Politiker wirken zermürbend.

Hier fehlen Menschen, die durch Bücher sprechen. Es fehlen Bücher, aus denen wieder Menschen sprechen, die es als unnötig erachten, sich und dem Publikum irgend etwas vorzugaukeln. Hier liegt die große Chance für Ihre Autobiographie.

Es gibt kein Leben, das langweilig und uninteressant ist. Bei keinem Leben einer Persönlichkeit erübrigt sich eine Niederschrift. Weder schriftlich noch fernmündlich oder persönlich habe ich bisher einen Autor kennengelernt, dessen Lebensgeschichte besser dem Reißwolf empfohlen worden wäre.

Im Gegenteil: Jedes Leben ist wie ein leuchtender Stern am Firmament: strahlend, einzigartig und daher beachtenswert. Es ist wichtig genug, in seinen wesentlichen Episoden verbreitet zu werden und der Nachwelt erhalten zu bleiben. Es ist wert, aufgeschrieben und anderen Menschen in geeigneter Form vermittelt zu werden.

Denn es gibt viele gute Gründe, ein Leben niederzuschreiben und darin zu blättern.

Doch so spannend jede Lebensgeschichte in ihrem Inhalt auch ist, so ermüdend wirken leider bisweilen Sprache, Aufbau und Stil. Das ist insofern verständlich und kein Vorwurf, als derjenige, der seine Erinnerungen zu Papier bringt, dieses Werk selten als geübter Schriftsteller in Angriff nimmt.

Es ist doch augenscheinlich, daß derjenige, der einen Großteil seiner Zeit der Pflege der Sprache »opfert«, flüssiger formulieren kann. Ein Profiautor, der täglich zehn Stunden am Schreibtisch schafft, erhält den ersten Schliff schon durch die Routine. Sein Vorsprung wächst mit jedem Arbeitstag.

Ein wenig geübter Autor hat in dieser Hinsicht eine andere Ausgangsposition. Er besitzt jedoch auch einen wertvollen Vorteil: Der Gelegenheitsautor schreibt nämlich weder so stromlinienförmig und angepaßt noch derart blutarm wie sein Kollege, dem das Schreiben Brotberuf ist.

Er schreibt aus dem Bauch heraus, seine Worte strömen aus der Seele, seltener aus den kühlen Kammern des Verstandes. Das ist sein unschätzbarer Vorteil. Dieses Markenzeichen tragen viele Autobiographien, und das erhebt sie zur unverwechselbaren literarischen Spezies.

Wer lange Jahre schreibt und darin seinen Brotberuf findet, der unterliegt einem starken Sog der Anpassung an den »Stil« des jeweiligen Verlagshauses oder – fataler – an den »allgemeinen Zeitgeist«, so daß er meist nach wenigen Jahren ausgebrannt ist und zum stilistischen Erfüllungsgehilfen verkommt.

Gefördert und zur Veröffentlichung zugelassen wird, was ins jeweilige Verlagsraster paßt. Individualisten, Querdenker und Motzer werden durch Vorgaben und Schubladendenken gestaucht und ruhiggestellt.

Dies gilt übrigens inzwischen für alle kulturellen Bereiche, besonders für unsere Heimschule, das Fernsehen. Es macht den maßgeblichen Kräften im Kulturbetrieb zuviel Mühe, sich mit Außenseitern und Neulingen zu beschäftigen.

Seltene und große Ausnahmen sind jene Autoren, Lektoren und Verleger, denen die Begegnung mit dem Publikum nicht zum Kotau gerät, die vielmehr selbstbewußt, aufrichtig und würdevoll bleiben.

Versuchen Sie, die Kraft und das Vermögen aufzubringen, den würdevollen Weg einzuschlagen. Gehen Sie den aufrechten Gang. Machen Sie aus Ihrer Autobiographie keine *Alibi*ographie.

Der Blickwinkel

Wetten, daß manch ein Leser jetzt einwenden wird: »Was soll ich nur tun? Ich bin außerstande, mein Leben zu beschreiben.«

Wetten Sie selbstbewußt dagegen. Solange Sie nach der Maxime handeln: »Kopf hoch und Köpfchen einsetzen«, werden Sie auf die Seite der Gewinner rücken.

Je intensiver Sie sich mit dem eigenen Leben und dessen Aufzeichnung beschäftigen, desto eher werden Sie Ihr Ziel erreichen. Ein Weg, sich der eigenen Biographie zu nähern, kann zum Beispiel die Aufzeichnung fiktiver Beschreibungen der eigenen Person durch die Brille von Außenstehenden sein.

In den ersten Ausbildungsmonaten erhält der Volontär einer Zeitungsredaktion gewöhnlich eine derartige Aufgabe als Übung. Ein fiktiver Unfall zwischen zwei Fahrzeugen soll beschrieben werden, und zwar aus möglichst unterschiedlichen Perspektiven. Dabei lernt der angehende Redakteur die Beschreibung eines Vorfalls aus verschiedenen Blickwinkeln kennen. Er erfährt zugleich, wie relativ alles ist und wie abhängig vom subjektiven Betrachtungswinkel jede Schilderung bleibt.

So viele Menschen, so viele Meinungen. Jeder hat den Unfall mittel- oder unmittelbar erlebt. Doch die

Kommentare, Beurteilungen und Erzählungen fallen unterschiedlich aus. Auch der Grad der persönlichen Betroffenheit ist verschieden.

Ähnlich vielfältig und differenziert werden alle Menschen und ihre Handlungen von ihrer Umwelt aufgenommen und bewertet. Egal, was wir lassen oder tun: es wird immer jemand auftreten, der uns lobt. Viele andere werden – meist hinter unserem Rücken – negativ urteilen. Damit läßt sich leben. Es läßt sich aber im schriftstellerischen Prozeß auch etwas daraus machen.

Mit der Methode, den Blickwinkel zu ändern und verschiedene Lichter auf einen Tatbestand zu richten, kann ein Autor sich der eigenen Person samt Lebenslauf spielerisch nähern. Dabei lernt er, einen Menschen oder Sachverhalt aus unterschiedlichen Ecken zu betrachten. Interessant ist: Jeder Blickwinkel ist anders, viele sind sogar gegensätzlich.

Verschiedenartige Blickwinkel und Perspektiven, unterschiedliche Charaktere, Temperamente und Altersgruppen, in die der Autor schlüpft, helfen ihm, das Wesentliche herauszufeilen und zugleich die optimale Erzählperspektive zu finden.

Genauso ist ein Leben auszuleuchten. Indem der Autor es dreht und wendet, gelingt ihm eine komplexere Darstellung. Eindimensionale Betrachtungsweisen sind dabei ebenso störend wie freie Sicht hemmende Scheuklappen.

Interviewen Sie Ihr Leben. Befragen Sie sich selbst. Lassen Sie Zeitzeugen über Ihr Leben berichten. Öffnen Sie ein Fenster, und blicken Sie in das Gebäude des eigenen Lebens. Die Mühe wird belohnt werden.

Beschreiben Sie alles so interessant, so anschaulich, so detailliert und präzise wie eben möglich. Dann werden Sie bei späterer Lektüre des eigenen Manuskriptes selbst überrascht sein, was Sie alles erlebt haben.

Die fünf großen »W«

Nach Regeln zu arbeiten ist vielen Autoren lästig. Sie schreiben frei von der Seele und vertrauen ihrem Instinkt mehr als allen guten Vorsätzen.

Natürlich sind eine solide Allgemeinbildung und literarisches Fingerspitzengefühl das Kapital jedes Schriftstellers. Doch selbst die Großen der Branche geben zu, daß es mit kleinen Hilfestellungen besser geht.

Die »Fünf-W-Regel« beispielsweise ist ein wirksames Kontrollinstrument, das verhindern kann, daß man sich im Gestrüpp von Raum und Zeit zu sehr verheddert.

Die fünf großen »W« fragen den Autor: *Wer* macht *Was, Wann*, *Wo* und *Warum*?

Nach der »Fünf-W-Regel« haben ein Text und sein Autor zu folgenden Fragen Auskunft zu geben:

Wer sind die handelnden Personen; wurden sie bereits zuvor im Text vorgestellt; werden ihre Rolle und Funktion sowie ihre Beziehung untereinander hinreichend erläutert???

Was geschieht tatsächlich; ist die Handlung deutlich gegliedert, klar ausgebreitet und plastisch beschrieben???

Wann findet beziehungsweise fand ein Ereignis statt; wird der zeitliche Zusammenhang deutlich dargestellt; sind Jahr, Tag und Stunde genannt???

Wo spielt die Szene; sind Örtlichkeit, Land und Leute auch hinsichtlich des Lokalkolorits hinreichend anschaulich beschrieben???

Warum beziehungsweise wie laufen ein Ereignis, eine Handlung, eine Situation in dieser oder jener Form ab; ist die Schilderung sinnvoll und nachvollziehbar aufgebaut???

Wer die fünf großen »W« beim Schreiben nützt, hat anderen Autoren viel voraus.

Bei jedem Abschnitt, bei jeder Szene, die ein Autor niederschreibt, kann er die »Fünf-W-Regel« beachten, um am Text zu arbeiten und diesen weiter zu verbessern. Die »Fünf-W-Regel« hilft, jeden Abschnitt in seinen Gesamtzusammenhang einzubetten, und führt immer wieder zum Handlungsgerüst zurück. Das kann den Text geschmeidig machen.

Und wenn der Erzählfluß einmal stockt? – Greifen Sie in Ihrer Schilderung, beispielsweise zur Überleitung auf das nächste Kapitel, ruhig auch einmal zu Humor und Witz.

Beleben Sie Ihre Erzählung mit eingestreuten Anekdoten. Dies sagt oft mehr über Land und Leute als langatmige Erläuterungen und hält den Leser bei Laune.

Kennen Sie folgende Anekdote?

»Aber wozu nutzt denn das Lesen?« fragte *Ludwig XIV.* den kenntnisreichen *Herzog von Vivonne* anläßlich eines opulenten Soupers.

»Das Lesen, Sire«, antwortete der Herzog, »ist für meinen Geist, was Ihre Rebhühner für meinen Magen sind: Es erhält mich frisch.«

Und wenn Sie beim Schreiben wirklich einmal so stekkenbleiben, daß auch kein Scherz eine Brücke baut? – Dann legen Sie eine schöpferische Pause ein, gehen Sie ein Stündchen spazieren, lesen Sie ein wenig und entspannen Sie sich, bevor Sie wieder gestärkt ans Werk gehen.

»Gute Laune kommt beim Lachen«, weiß der Psychologe. Dies gilt auch für die schriftstellerische Arbeit. Ist der Anfang erst einmal geschafft, dann geht alles wie von selbst.

Im Fluß der Zeit

Der Autor entscheidet sich für einen Einstieg, der seiner sprachlichen Kraft entspricht. Durch das Labyrinth der Vergangenheit ebnet er sich seinen Weg.

Wie ein Theaterstück wird er sein Leben in bestimmte Akte und Szenen unterteilen. So bleibt die Aufmerksamkeit des Publikums gewährleistet.

Das Marschgepäck ist schwer: Es enthält eine Vielzahl mehr oder weniger gut sortierter Erinnerungsfetzen, die Verpflichtung gegenüber dem imaginären Leser sowie eine mehr oder minder deutliche Vorstellung von dem, was ein Leben als einzigartig kennzeichnet. Schließlich wurden mit der Entscheidung für den Einstieg erste Schritte gesetzt auf dem Marsch zu dem gesteckten Ziel: der Memoirenniederschrift.

Der Autor durchstreift die Alleen seines Lebens, die engen Gäßchen, die Höhen und Senken. Wie auf einer Kahnpartie nimmt er eine Vielzahl von Geräuschen, Gerüchen und Begebenheiten in sich auf, verdichtet sie und formt daraus seinen Lebensbericht.

Eine selbstgefertigte Wanderkarte, ein kurzes Exposé, ein Suchbaum, in dem die wichtigsten Stationen und Ereignisse festgehalten sind, denen sich der Autor während der Niederschrift nähern will, ist der Kompaß im Wildwasser der Erinnerungen.

Der Autor müht sich, auf der gewählten Route zu bleiben und nicht die Orientierung zu verlieren. Er berücksichtigt dabei den imaginären Leser, seinen Fahrgast und Reisegefährten, für den er manche Mühen auf sich nimmt.

Der Autor übernimmt auf der Reise auf dem Lebensfluß sowohl die Rolle des Lotsen als auch die des Kapitäns. Er ist Matrose, Maschinist, Heizer und Smutje. Seine Augen sind überall. Denn das Schiff darf an keiner Stromschnelle scheitern, und die Passagiere wollen versorgt werden.

Er muß vermeiden, im seichten Gewässer auf Grund zu laufen oder zu stranden. An Inseln im Strom wird nur kurz gerastet, um die Fahrt bald zügig fortzusetzen. Seitenarme des Gewässers werden gemieden, Untiefen umschifft.

Die Erzählung soll – wie ein elegantes Schiff – ohne erkennbaren Kraftaufwand gleiten. Jede ruckartige Bewegung, jedes Abdriften, Trudeln und Schlingern verunsichern die Passagiere.

Ein guter Autor ist ein souveräner Steuermann. Er lenkt seine Leser sicher durch den Strom der Zeit. Er weckt ihre Aufmerksamkeit immer dort, wo es sich wirklich lohnt.

Verlangsamt wird die Fahrt bei beachtenswerten Wegstrecken. Beschleunigt wird dort, wo sich Tristesse am Ufer breitmacht, um bald wieder zu abwechslungsreichen Gestaden zu gelangen.

So bezwingt eine gute Erzählung den Strom der Zeit. Sie wird von Passagieren begleitet, die alles, was sie auf dieser Fahrt beeindruckte, in ihrem Gedächtnis speichern und sich gern an das Erlebnis, durch ein fremdes Leben reisen zu dürfen, erinnern werden.

Der Autor hat sich als Steuermann dieser Zeitreise stets seinen Passagieren, den Lesern, zu widmen. Er ist bestrebt, ihnen die Fahrt so abwechslungsreich und interessant wie möglich zu gestalten.

Ein folgenschwerer Fehler wäre, den Leser aus dem Auge zu verlieren. Mag der Autor sich selbst vielleicht mutterseelenallein auf der Erde fühlen, mag er der letzte Überlebende seiner Familie, der letzte von vielen Freunden sein: er hat dennoch die Verantwortung für all jene auf sich genommen, die sein Manuskript eines Tages in Händen halten und lesen werden.

Diese Leser spiegeln ihr eigenes Dasein vielleicht in den Erinnerungen des Autors wider und überbrükken ihr eigenes Schicksal, ihre eigene Einsamkeit mit der durch die Lektüre entdeckten Seelenverwandtschaft.

Insofern macht es Sinn, den Leser ins Visier zu nehmen und sich in gewisser Weise dessen Bedürfnissen zu unterwerfen.

Brauchen Erinnerungen Leser?

Immer wird es Menschen geben, die gern lesen möchten, was Sie geschrieben haben. Dies sind die ersten Empfänger Ihrer Niederschrift, und schon im Interesse dieses Premierenpublikums sollte des Lesers gedacht werden.

Da fragt ein Bekannter, ein Freund, ein Verwandter, wann es denn endlich soweit sei und er das Werk lesen dürfe. Die Antwort besteht eines schönen Tages vielleicht in einer Fotokopie des Manuskriptes, das zuerst als Unikat oder in geringer Auflage seine Kreise zieht.

Es trifft zu: Jeder schreibt für sich allein. Jeder Autor ist gänzlich auf sich gestellt, wenn er das kolossale Thema seines Lebens aufbereitet, gliedert, strukturiert und niederschreibt.

Jedoch: Jedes Wort, das Sie niederschreiben, öffnet ein Fenster nach draußen. Es ist getragen von dem Wunsch, gelesen und verstanden zu werden. Vielleicht erst morgen, vielleicht übermorgen … Eines schönen Tages wird es soweit sein.

Die Aufzeichnung von Erinnerungen dient letztlich immer dazu, der Nachwelt ein Zeichen zu geben. Kinder, Enkelkinder, Freunde, Bekannte und vielleicht auch fremde Leser werden eine Autobiographie, einen literarischen Nachlaß zu würdigen wissen und ihn in Ehren halten. Es handelt sich stets um eine schriftliche Botschaft, die das Gespräch sucht und aufnimmt.

Vieles Wertvolle kann aus derartigen Veröffentlichungen geschöpft und gelernt werden. Oft ist es einfach unfaßbar, wie lange diese aufschlußreichen und anrührenden Texte in Schubladen und auf Speichern ruhen konnten, bevor sie endlich entdeckt wurden. Doch es ist schön, daß es sie gibt.

Der Autor hat in diesem Zusammenhang eine Fürsorgepflicht: Der Leser wird kaum über ein mit den Kenntnissen des Autors identisches Wissen verfügen. Er stammt vielleicht aus einer anderen Generation, hat einen anderen Berufs- und Bildungsgang hinter sich.

Deshalb sollten eigentlich Abkürzungen beim erstmaligen Gebrauch in einer Fußnote erläutert werden. Jahrestage und historische Ereignisse verdienen, insbesondere im Hinblick auf jüngere Leser, eine kurze Erklärung.

Jeder Leser benötigt ständige Hilfestellung und Fürsorge von seiten des Autors. Wird ihm diese versagt oder aber in oberlehrerhafter Weise erteilt, verschließt er sich dem Text und beendet die Lektüre schnell.

Mit kleinen Kunstgriffen sollte also der Autor versuchen, seine Leser bei der Stange zu halten, indem er ihnen unaufdringlich Zeitalter, Land, Leute und Milieu, die er beschreibt, nahebringt und erläutert.

Fußnoten helfen, Unbekanntes zu erklären oder zu übersetzen. Solche Erläuterungen können auch in einen Anhang aufgenommen werden, damit derjenige, der Hilfestellung benötigt, diese auch tatsächlich bekommt, Leser hingegen, die Bescheid wissen, sich das Nachschlagen sparen können.

Ein Glossar, d. h. ein Verzeichnis erklärungsbedürftiger Wörter, sollte, alphabetisch geordnet, an den Schluß eines Werkes montiert werden.

Ein Verzeichnis der wichtigsten Länder und Orte, deren Namen beziehungsweise Staatszugehörigkeit sich vielleicht im Laufe der Jahre gewandelt haben, ist hilfreich. Namen von Persönlichkeiten aus Politik und Zeitgeschehen, die der Text erwähnt, sollten erläutert werden.

Es gibt Autoren, die meinen, sie schrieben ausschließlich für den »gebildeten« Leser, der all dies – ebenso wie der Schöpfer des Textes – selbstverständlich wisse. Eine derartige Haltung zeugt von mäßigem Zeitverstand.

Im Fluß der Zeit verschmelzen Namen und Ereignisse. Werden Angaben der obengenannten Art in einer Autobiographie erwähnt, stemmt sich der Autor doch auch im Namen jener Persönlichkeiten und Stätten gegen das Vergessenwerden. Er leistet einen konkreten Beitrag zu einer aktiven Geschichtsschreibung, von der die nachfolgenden Generationen zehren können.

Es sollte ihm daher leichtfallen, kurze Erläuterungen anzubringen. Gerade die behutsame und taktvolle Hilfestellung ist es, die einen lesbaren Text auszeichnet. Ein aufgeschlossener Leser wird dies seinem Autor indirekt danken, indem er über das Werk und dessen Schöpfer spricht und es durch Erwähnung verbreitet.

Der Leser erweist dem Autor einer Autobiographie damit den größten Dienst, den er ihm erbringen kann: Er erinnert sich seiner.

Warum Erinnerungen schreiben?

Unser Leben ist vergleichbar mit einem großen Garten. Wir pflanzen, säen, hegen und pflegen, planen und gestalten.

Kein Garten gleicht dem des Nachbarn. Die Handschrift jeder einzelnen Anlage stellt sich individuell und unwiederholbar dar.

Natürlich gibt es Voraussetzungen und Aspekte, die einen Wettbewerb der Gärten ungleich machen. Hier spielen Geldbeutel, Kenntnisstand, Ausdauer und Begeisterung des Gartenfreundes ebenso mit hinein wie die Beschaffenheit des Geländes, Unbillen der Natur und Widrigkeiten des Schicksals.

Doch jede Anlage ist auf ihre spezifische Art eine beachtenswerte, individuelle Schöpfung. Wer einmal einen Baum gepflanzt und dessen Wachstum beobachtet hat, wird dies bestätigen.

Ein biblisches Gleichnis stellt das menschliche Leben als gewachsenen und kultivierten Garten dar. Individuell und unverwechselbar jeder einzelne, zwar kaum vor Nachahmung gefeit, jedoch vor Kopie.

So können Gärten wie verschiedene Leben einander ähneln, Gemeinsamkeiten aufweisen, Parallelen betonen – identisch sind sie nie.

Eine der jämmerlichsten politischen Visionen unserer Zeit behauptet die vollständige Gleichheit sämtlicher Mitglieder der Gesellschaft. Darauf fußt das Versprechen der Chancengleichheit, beispielsweise auch vor dem Lektor.

Darum erhalten Verlage Jahr für Jahr Hunderte von Manuskripten optimistischer Autoren und Schriftsteller, die hoffen, als Tropfen im Meer entdeckt zu werden.

Dabei war und ist sich jeder ernstzunehmende Mensch darüber im klaren, daß es Gleichheit weder gibt noch geben kann. Nur in einem einzigen Punkt haben alle Gärten des Lebens eine Gemeinsamkeit: Sie sind endlich.

Ein Garten ohne Gärtner verwildert, wuchert, verliert seine Fasson, wird eingeebnet und zu Staub. Diese trübe Aussicht ist traurige Realität.

Ein Leben, das in Staub zerfällt, hat eigentlich für die Zeit danach niemals richtig existiert. Wie bei einer gärtnerischen Anlage greift das drängende Unkraut Platz und überdeckt den Lebensplan.

Eine Weile existiert es vielleicht noch in Aktenblättern, einem prächtigen Haus, einem Kunstwerk oder in verblassenden Fotos. Doch wie die Erinnerung an unser eigenes Leben mit zunehmendem Alter schon zu Lebzeiten zu verblassen beginnt und in einem gewaltig wogenden Nebelmeer verschwimmt, so schwer wird es für die Nachwelt, sich eines Dritten zu erinnern. Es bleiben Anekdoten, Erinnerungsfetzen, Jahrestage.

Was wissen wir wirklich von unseren Eltern, unseren Großeltern, unseren besten Freunden und Gefährten? Es ist meist jämmerlich wenig. Wer darüber nachdenkt, wird sich schämen. Denn wie sollen wir unsere Vorfahren in Ehren halten, wenn wir kaum mehr als Bruchstücke ihres Lebenslaufs kennen?

Was einen Menschen wirklich ausmacht, seine innere Welt, seine Gedanken und Gefühle, seine Erlebnisse, seine Freuden, Leiden und Qualen – all das ist seiner Umwelt, von wenigen handverlesenen Vertrauten und Freunden abgesehen, weitgehend unbekannt.

Zu Lebzeiten kann man sich vielleicht noch erklären, mitteilen und verständlich machen. Doch was geschieht danach?

Die Nachwelt kreiert den Typus des intimen Kenners, des besten Freundes und innigsten Gesprächspartners. Es wird plötzlich erklärt, gedeutet und zurechtgerückt. Die Zeit formt das Zurückliegende mehr oder weniger stromlinienförmig um.

Was übrigbleibt, ist eine glattgeputzte, kurzgeschorene, appetitlich und handlich gebackene Kurzbiographie, deren Lektüre im Jenseits unser fas-

sungsloses und ungläubiges Kopfschütteln hervor-
rufen würde.

Dies ist der spirituelle Hintergrund, vor dem Menschen beginnen, ihr Leben zu Papier zu bringen, um
es in Buchform zu verewigen. Diese Autoren wissen:
Was eine Erinnerung hinterläßt, ist sinnvoll geschehen!

Der Mensch wird geboren, um Spuren zu hinterlassen. Aus diesem Grund werden Erinnerungen
aufgeschrieben.

Hinterlassen Sie also deutlich lesbare Spuren!

Der spannendste Roman der Welt

In meiner jahrzehntelangen Tätigkeit im Verlags-
wesen, als Autor, Redakteur, Chefredakteur und Verleger sind mir bis heute, neben vielen anderen Tex-
ten, wohl mehr als tausend Manuskripte vorgelegt
worden, die ein Leben summierten.

Diese Texte nannten sich Memoiren, Erinnerungen,
Autobiographien, Romane oder auch Gedichte. Sie
waren in der ersten oder dritten Person, häufig auch
unter Decknamen verfaßt. Die Werke stammten von
Verfassern aus allen sozialen Schichten und Ständen.
Es waren Ausführungen von geübter, aber auch von
weniger geübter Hand darunter.

Jedes einzelne Manuskript beschrieb den spannendsten Roman aller Tage: das Leben. Darunter waren Schilderungen dramatischer Schicksale, die den
Nachtschlaf raubten. Es waren nicht selten Werke, die
zu Tränen rührten, und solche, aus denen die gebün-
delte Weisheit von Generationen sprach.

Es handelte sich in jedem Fall um eine exklusive,
außergewöhnliche Lektüre. Jeder der vorgelegten Texte verdiente sein Publikum.

Die Werke stellten einen unschätzbaren ideellen
Wert dar. Ihr Informationsgehalt war mannigfaltig. Es
waren Spiegelbilder der Epoche, in der wir unterwegs

sind. In jedem einzelnen Fall handelte es sich um die Niederschrift eines gelebten Lebens, die Summe zahlloser guter wie schlechter Erfahrungen.

Für Außenstehende ist kaum vorstellbar, in welch vielfältigen Formen Mitmenschen sich schriftlich erinnern und wie ideenreich sie im Prozeß der Niederschrift mit der Quintessenz ihres gelebten Lebens umgehen.

Da berichten Kriegsteilnehmer vom Inferno des Krieges, dem sie glücklich entronnen sind. Es treten Berichterstatter auf, die in der Fremdenlegion, in Söldnerheeren und im Widerstand kämpften und dabei ferne Länder durchstreiften. Wir erhalten Informationen aus erster Hand über Kaiserzeit, Weltwirtschaftskrise, Inflation und Schwarzmarkt.

Mitmenschen folgen den Spuren, die ihr Leben begrenzten. Reisende berichten von fernen Kontinenten und fremden Sitten. Autoren, die in ländlicher Weite aufwuchsen, beschreiben den sich wandelnden Charakter verträumter Dörfer abseits der breiten Landstraßen.

Bergleute führen den Leser unter Tage, wo sich ihr entbehrungsreiches Arbeitsleben vollzog. Pädagogen zeigen auf, wie der Zahn der Zeit an Schule und Schülern gleichermaßen nagt. Ärzte schildern extreme Bedingungen, unter denen sie tätig waren, und berühren allgemein interessierende Fragen der Ethik. Kurz:

Zeitzeugen veranschaulichen Ausschnitte unserer Alltagsgeschichte anhand persönlich erlebter Geschehnisse.

Dies alles sind Werke von Menschen, deren Bekanntheitsgrad relativ klein ist und von denen nur eine kleine Minderheit die Hoffnung haben dürfte, einmal berühmt zu werden. Es sind keine Ölbarone oder *Oscar*-Preisträger. Es handelt sich um Vertreter der breitesten gesellschaftlichen Gruppe, der Mittelschicht.

Jeder dieser Autoren hat Beachtliches geleistet und aufgebaut. Es ist niemand darunter, der seine Lebenszeit vertrödelt hätte.

Diese Autobiographien sind immer die Summe eines gelebten Lebens, das auch der fremde Leser mit Interesse begleitend verfolgt. Jedes Leben ist aufschlußreich, jede Lektüre einer Niederschrift ein Erlebnis. Erinnerungen sind oft die spannendsten Tatsachenromane, die der empfängliche Leser entdecken kann.

Die geheime Botschaft des Lebens

Für jemanden, der sich schriftlich erinnert, stellt sich die Frage nach dem Schlüssel, der sein Leben erschließt. Wer diesen Schlüssel zum eigenen Leben findet, wird seine Autobiographie aufrichtig schreiben und dem Leser die Chance einräumen, am unverfälschten »Abenteuer Leben« teilzuhaben.

Doch wo findet sich dieser Schlüssel zum Erfolg?

Jedes Leben hat einen Punkt, der fasziniert, eine Stelle, die berührt, eine Besonderheit, die nur in dieser einen Biographie existiert. Jeder von uns kann Dinge aus seinem Leben erzählen, die ungewöhnlich und zugleich interessant sind.

Exakt diesen Punkt gilt es bei der Niederschrift von Memoiren herauszuarbeiten. Denn dies ist die eigentliche Botschaft einer Lebensgeschichte, die sie deutlich von allen anderen abhebt und unterscheidbar macht.

USP (*Unique selling point*) heißt die geheime Zauberformel der Marketing-Manager aus dem Land von Ketchup und Coca-Cola, die in Konzernetagen hinter vorgehaltener Hand weiterempfohlen wird.

Was clevere Werbekaufleute erfolgreich nutzen, kann einem Autor willkommene Hilfestellung sein.

Was sagen uns die drei Buchstaben *USP* ?

USP bedeutet, daß von einem Produkt, einem Ereignis oder einer Persönlichkeit das wesentliche Moment, die besondere Eigenschaft herausgefunden werden muß, um sie interessant gestalten und dann dafür entsprechend werben zu können.

*USP ist jene e*inmalige, einzigartige und damit herausragende Eigenschaft, die einem Ding oder Wesen gegeben ist. Es ist der berühmte »springende Punkt«. Damit wird Unterscheidung und letztlich Identifikation möglich.

USP ist so etwas wie eine persönliche Duftnote, eine individuelle Eigenart, eine ausgeprägte Handschrift, eine typische Erkennungsmelodie, ein zündender Slogan, eine unverwechselbare Kennung wie der Fingerabdruck oder der genetische Code. Das ist das Auto mit dem Stern, der Mann mit dem Hut, der Teddybär mit dem Knopf im Ohr.

Diese im ersten Augenblick schlicht wirkende Erkenntnis ist für jeden, der sich damit beschäftigt, seine Erinnerungen niederzuschreiben, nützlich. Dies ist der eigentliche Schlüssel für das richtige, erfolgreiche Protokoll unserer Lebensgeschichte.

Geboren wurden wir alle, und alle werden wir die Bühne des Lebens eines Tages wieder verlassen. Wir wuchsen in bescheidenen oder betuchten Verhältnissen auf. Viele unter uns erlebten Kriege, Verfolgung und anderes Leid.

Unsere Universitäten waren sowohl das Leben und die Straße wie auch berstende Hörsäle und altehrwürdige Akademien.

Wir traten ins Berufs- und Familienleben ein und gaben unser Bestes. Wir stritten und versöhnten uns. Wir sahen Menschen, Zeiten und Ereignisse kommen und gehen. Die Gezeiten des Lebens verliefen wie Ebbe und Flut.

Doch jeder von uns besitzt eine Eigenschaft, Erfahrung oder Erkenntnis, die ihn allein prägt und deren Besitz kein Allgemeingut ist. Jeder hat im konkreten Ablauf seines Lebens ein derartiges Maß an Individualität und Besonderheit erfahren, wie es keinem anderen Leben in dieser Form beschieden war oder sein wird.

Dies ist der persönliche *USP*, die unverwechselbare Eigenheit. An diesem Angelpunkt gilt es anzusetzen. So entsteht aus der Dokumentation eines »gewöhnlichen« Lebens das Bild einer ungewöhnlichen, besonderen, einzigartigen Persönlichkeit.

Die Schilderung von Lebenserinnerungen ist an dem *USP* auszurichten und um diese einzigartige Eigenheit – es kann auch eine Erkenntnis sein – zu ordnen.

Der Erfolg dieser Bemühungen wird die Niederschrift eines Lebens sein, das sowohl interessant empfunden als auch dargestellt wurde.

Sie werden in Ihrer Beschreibung von Dingen und Ereignissen berichten, die mancher Zeitgenosse aus eigenem Erleben kennt. Das erfreut den Leser, denn hat er vielleicht sogar etwas Ähnliches erlebt wie der Autor, so kann er besonders gut mitempfinden.

Beschreiben Sie das, was Sie erlebt haben, aus Ihrem persönlichen Blickwinkel. Damit wird es besonders interessant. Bleiben Sie dabei sachlich und konkret. Verdeutlichen Sie in der Schilderung des Einzelnen das Allgemeine.

Relativieren und korrigieren Sie Ihre Probleme oder das, was Sie dafür halten. Unterlassen Sie jedes Lamentieren über – meist eingebildete – geistige und körperliche »Unzulänglichkeiten«. Nutzen Sie die Chance, herauszufinden, welche Talente die Natur Ihnen anvertraut hat.

Finden, entdecken, entschlüsseln und beschreiben Sie die geheime Botschaft Ihres Lebens. Ganz abgesehen von dem Nutzen, den Sie aus dieser Beschäftigung mit dem eigenen Ich persönlich ziehen, die späteren Leser Ihrer Erinnerungen werden es Ihnen tausendfach danken.

Gibt es eine Schule des Schreibens?

Sollte nun jeder, der seine Memoiren schreiben möchte, zuvor einen langjährigen und teuren Kurs an einer Schreibschule belegen? Soll er Fachbücher erwerben und einen Hauslehrer engagieren, um in den Olymp der professionellen Literaten aufzusteigen? Oder soll er vor lauter Angst, zu langweilen oder etwas verkehrt zu machen, so daß er gänzlich den Mut zu verlieren droht, die Niederschrift vorerst verschieben?

Es stimmt: Schreiben ist erlernbar. Aber es besteht ein himmelweiter Unterschied zwischen Trockenübungen unter Aufsicht und einem Bad im reißenden Strom der Worte, der aus reinem Herzen fließt.

Sie haben Ihr bisheriges Leben gelebt und gemeistert. Das war weitaus schwieriger als alles, was jetzt vor Ihnen liegt. Sie sind selbstverständlich auch imstande, Ihre Lebensgeschichte sachgerecht zu Papier zu bringen. Fangen Sie doch einfach an!

Für viele Autoren ist die Aufzeichnung der Lebenserinnerungen das bedeutendste und bisweilen auch einzige Werk ihrer schriftstellerischen Laufbahn. Ihnen fehlt jedoch jenes Training, das professionelle Schreiber durch viele Veröffentlichungen bereits absolviert haben, bevor sie ihr Lebenswerk mit einer brillant geschriebenen Autobiographie krönen.

Autobiographien von erfahrenen Schriftstellern sind deshalb auch die mit Abstand nützlichsten Lehrbücher für den angehenden Autor von Lebenserinnerungen.

Es gibt viele herausragende Beispiele lesenswerter Autobiographien. Jeder von uns wird wohlbegründet für eine heiß und innig geliebte Leib-und-Magen-Biographie plädieren. Schreiben Sie mir doch einmal, welches Ihr Geheimtip ist: ich lese gern.

Die regelmäßige Lektüre derartiger »Fachliteratur« hilft mehr als alle Vorträge und Schreibschulen weiter. Sie regt an, schenkt neue Ansätze und hängt die Meßlatte höher.

Eine gut geschriebene Autobiographie eines gestandenen Schriftstellers ist stets neuer Ansporn, es doch selbst weiter zu versuchen und dabei hohe Ziele zu entwickeln. Sie kann ermuntern, helfen, Hinweise geben.

Der zentrale Ratschlag jedoch lautet: Schreibe das eigene Leben auf, bevor es vom Winde verweht wird. Hinterlasse eine Spur, die von möglichst vielen Lesern verfolgt werden kann.

Eine Autobiographie übernimmt stellvertretend die Rolle ihres Urhebers. Sie will – je nach Temperament und Neigung – die Gedanken des Lesers beeinflussen, ihn im Sinne des Autors, für dessen Gedanken und Ansichten sie steht, vereinnahmen und begeistern. Das entspricht unserem konkreten Verhalten im täglichen Leben und persönlichen Gespräch.

Aus diesem Grunde auch sind Autobiographien wohl immer tendenziös, so objektiv, unabhängig und ausgewogen sie sich auch darstellen mögen. Diese Erkenntnis bewußt anwenden bedeutet, die inhaltliche Aussage eines memorierten Textes zu optimieren.

Wir sind kaum dazu geboren, es jedermann recht zu machen. So kann auch der Text einer autobiographischen Niederschrift darauf verzichten, ausgewogen oder »allseitig« sein zu wollen. Schriftstellerische Wahrheit ist stets subjektiv, sie wird vielfach als moralische Kategorie empfunden und kann durchaus gedreht und gewendet werden.

Fürchten Sie also keine Parteilichkeit. Äußern Sie Ihre Meinung. Erläutern Sie Ihre Sichtweise. Begründen Sie Ihren Standpunkt. Beziehen Sie Stellung. Schreiben Sie ehrlich, offen und direkt. Dann wirkt Ihr Text überzeugend.

Der »Zeitgeist« von heute zählt morgen schon zum Sperrmüll. Was heute modern sein will, wirkt übermorgen bereits mumifiziert.

In dieser Welt wird mehr als genug gelogen. Ein ehrliches Wort findet eher Gehör als eine stutzerhaft gestylte und angepaßte Sprache.

Dichtung und Wahrheit

Im Titel der *Goethe*-Autobiographie »Aus meinem Leben. Dichtung und Wahrheit« macht Deutschlands größter Dichter bereits deutlich, was wohl für das Autobiographische überhaupt gilt: Eine Autobiographie ist erzählte Erinnerung, kein dokumentarisches Protokoll.

Die Grenzen zwischen der Wirklichkeit und dem Reich der Phantasie sind fließend. Fiktionale Elemente sind mithin durchaus statthaft, wie es der gelegentliche verklärende Blick durch die berühmte »rosa Brille« ist oder das Glätten von allzu scharfen Ecken und Kanten.

Es kann also manches Detail durchaus weggelassen oder geglättet werden. Dem Gesamteindruck einer Biographie wird das keinen Abbruch tun. Überhaupt heilt doch die Zeit manche Wunde, und vieles relativiert sich im Laufe eines langen Lebens.

Selbst die bewußte Verzerrung oder Übertreibung kann als Kunstform dazu dienen, den Wesensgehalt einer Situation, Äußerung oder Periode deutlicher herauszuarbeiten. Wahr bleibt dennoch alles. Abgesehen davon sind gute Geschichtenerzähler oft die besten Wahrsager, lehrte schon der Orient …

Überwiegen hingegen in einem Text die fiktionalen, d. h. die erfundenen Momente, stellt sich das eigene

Leben in Romanform dar, dann handelt es sich meistens um eine *autobiographische Erzählung* oder einen *autobiographischen Roman.* Diese geben sich bereits durch das im Untertitel ausgewiesene Genre zu erkennen.

Die extremste Form des autobiographischen Romans wiederum ist die *Wunschbiographie*, in der die Biographie des Autors so umgeschrieben wird, wie sie hätte gelebt werden können. Diese Sonderform der Behandlung von Lebenserinnerungen ist selten anzutreffen.

Die Aufbereitung einer Autobiographie als *Chronik* hingegen ist bemüht, tatsächliche Ereignisse in größeren Zeitabschnitten zusammenzufassen, und will Zusammenhänge zwischen Ereignissen und chronologischen Phasen herstellen.

Im Gegensatz dazu steht die *Autobiographie in Annalen-Form.* Sie notiert Ereignisse in Jahresfolgen, wobei stofflich Zusammengehörendes getrennt wird zugunsten chronologischer Übersichtlichkeit.

Goethe hat derartige Tag- und Jahreshefte als Ergänzung seiner sonstigen Bekenntnisse hinterlassen. Dies ist heute manchem Goethe-Freund Schlüssel zum Werk des großen deutschen Klassikers.

So selten heute noch Annalen als Form gewählt werden, so nützlich ist es, der Niederschrift der Autobiographie einen kurzgefaßten Lebenslauf als Chronologie der wichtigsten Ereignisse hinzuzufügen. Dem Leser hilft dies, den Überblick zu wahren und den Autor auf seiner Reise durch die Zeit zu begleiten.

Im Normalfall wird sich ein Autor immer an den chronologischen Ablauf der tatsächlichen Ereignisse halten. Die Abfolge der Tage, Jahre und Jahrzehnte ist sein Handlungsstrang.

Ein aufrichtiger Autor wird immer dicht bei der historischen Wahrheit bleiben. Nicht jedem bescherte der Zufall die Gnade der späten Geburt. Zu einer ehrlichen Autobiographie gehört daher auch das Eingeständnis von Irrtümern, Versäumnissen und Schwächen.

»Irrtum ist das notwendige Instrument der Wahrheit«, schrieb *Schillers* Freund und Zeitgenosse, der Jenaer Frühromantiker *Novalis*: »Mit dem Irrtum mach ich Wahrheit; vollständiger Gebrauch des Irrtums – vollständiger Besitz der Wahrheit.«

Erinnerungen, die wahr sind, werden zum Auge der Geschichte. Zu jeder Zeit liegen große Wahrheiten in der Luft. Sie bilden die geistige Atmosphäre des Jahrhunderts.

Das Pseudonym

Immer wieder fragen Autoren von Autobiographien, ob sie unter ihrem bürgerlichen Namen veröffentlichen oder besser ein Pseudonym wählen sollen. Pauschal kann hier keine Antwort gegeben werde – zu differenziert und individuell sind die Einzelfälle. Es gilt vieles abzuwägen und zu beachten.

Ob ein Deck- beziehungsweise Künstlername gewählt wird, ist letztlich die persönliche Entscheidung jedes einzelnen. Manch einem mißfällt der eigene Name, oder dieser ist zu schwer auszusprechen. Für andere Autoren ist ein Pseudonym eine Werbung, ein Aushängeschild. Schließlich gibt es auch soziale Gründe, sich hinter einem Pseudonym zu verbergen.

Im Grundsatz wird ein Autor zu seinem Werk stehen wie zu seinem Leben und kaum zögern, seinen guten Namen für sein Werk einzusetzen. Auch der Verleger steht schließlich mit seinem Namen für Autor und Werk ein.

Das Tragen einer »Tarnkappe« bildet natürlich von alters her einen starken Reiz. Wohl jeder würde gern einmal unerkannt durch das Dasein wandeln und seine Zeitgenossen belauschen. Dies wäre in Einzelfällen sicherlich sogar eine nützliche Schule, denn mancher eigene Fehler oder Mangel ließe sich danach stillschweigend korrigieren.

Das Pseudonym jedoch – das zeigen alle einschlägigen Erfahrungen – bleibt die Einlösung des Versprechens der Tarnkappe schuldig. Grenzfälle sind selten.

Da werden in einem Manuskript, wie es auch im tatsächlichen Leben gelegentlich vorkommt, Menschen und deren Äußerungen kritisiert. Es wird von Geschehnissen berichtet, die bislang unbekannt waren und deren Aufdeckung möglicherweise Konsequenzen nach sich zieht. Es werden Zeitgenossen zitiert, die sich über Mitmenschen auslassen und derartiges doch im Angesicht dieser Personen niemals gewagt hätten.

Kurz: Eine Veröffentlichung kann Gewitterwolken heraufbeschwören. Sie vermag Verstimmungen auszulösen, ohne daß der Autor es ausdrücklich will. Es ist aber genausogut denkbar, daß der Autor zu einem neuen Stern am Literatenhimmel aufsteigt.

Der Autor einer Autobiographie muß daher auf jeden Fall seinen eigenen Text vor Drucklegung kritisch daraufhin überprüfen, ob er mit seiner Veröffentlichung möglicherweise Streit heraufbeschwört, Unfrieden sät oder vielleicht sogar strafrechtliche Konsequenzen auslöst. Er sollte diese Überprüfung im Interesse seines eigenen guten Rufes vornehmen, es sei denn, er will seinen Finger in offene Wunden legen ...

Wer mit seinen Erinnerungen gegen selbst erlittenes Unrecht anschreibt, verspürt oft schon bei der Niederschrift seelische Erleichterung. Denn es heißt zu Recht: Schreiben kann heilen. Dabei wird dann die Frage, ob ein Autor maskiert auftreten sollte, häufig zweitrangig.

Fällt ein Autor die Entscheidung, ein Pseudonym zu wählen, stehen ihm hierfür verschiedene Möglichkeiten offen. Eine häufige Form des Pseudonyms ist das *Anagramm*: aus den Buchstaben des echten Namens wird ein neuer Name geformt. Bisweilen wird das Pseudonym gebildet, indem die Buchstaben oder Silben des Namens rückwärts geordnet werden.

Der Name kann *übersetzt* werden: aus Wilhelm Grün wird beispielsweise Bill Green. Ein *Synonym*, also ein Wort gleicher oder ähnlicher Bedeutung, kann bemüht werden: aus Frieder Fäustel wird so Harro Hammer. Auch der *Wohn- oder Geburtsort* eines Autors bildet bisweilen die Grundlage seines Pseudonyms. Die Möglichkeiten sind endlos, denn der Phantasie sind keine Grenzen gesetzt.

In seinem Vers »Mit Wahrheit und Dichtung« bringt *Goethe* das Thema auf folgende Formel:

> »Ein alter Freund erscheint maskiert,
> Und das, was er im Schilde führt,
> Gesteht er wohl nicht Allen;
> Doch Du entdeckst sogleich den Reim
> Und sprichst ihn aus ganz insgeheim:
> Er wünscht dir zu … gefallen.«

Erinnerungen und Öffentlichkeit

Im Buchladen grüßen in der Abteilung für Autobiographien und Erinnerungen bekannte Namen. Dort geht es zu wie auf einer Cocktailparty: Der gewiefte Politiker steht neben der lasziv-schönen Leinwand-Diva, der Schriftgelehrte prostet dem weitgereisten Diplomaten zu. Ölbaronesse küßt Popstar.

Memoiren von weniger bekannten Zeitgenossen, von Menschen wie du und ich, haben in diesem illustren Kreis Seltenheitswert. Doch auf jeder zünftigen Party gibt es eine Überraschung, die der Veranstaltung erst den richtigen Pfiff verleiht.

In unserem Fall wird das Leben der Bäuerin Anna W. hereingetragen. Die brave Frau zeigt in ihrer Biographie, daß Arbeit auch etwas mit Händen zu tun hat. Damit kann sie der illustren Party-Gesellschaft als Ablichtung des Millionenheers der schlichten Leben vorgeführt werden.

Ironie des Schicksals: Ausgerechnet am Buch der Anna W. wurde inzwischen aufgedeckt, daß die angebliche Autorin kein Wort ihrer bewegenden Geschichte selbst niedergeschrieben hat. Ein Profiteam um die Exfrau des cleveren Verlegers ersann, plante und verfaßte die Lebensgeschichte, die mit dem tatsächlichen Leben von Frau W., die wiederholt abgelichtet und gefilmt wurde, stellenweise kaum etwas gemeinsam hat.

Tatsächlich bleiben unsere Bestsellerautoren, Film-
schauspieler, Sternchen und Exbundeskanzler – meist
geschönt durch die Kunst gedungener anonymer Lohn-
schreiber – jedoch unter sich. Sie sind scheinbar die
einzig Auserwählten, deren Leben veröffentlichens-
und lesenswert ist.

Der Leser darf zahlend staunen, wie die literarischen Abgesandten der »oberen Zehntausend« leben,
was sie erleben und denken. Natürlich gibt es dabei
auch manch nützliche Information über blaugeblümte
Kleider und nadelgestreifte Jacketts, Hinweise auf hel-
fende Handgriffe bekannter Wunderheiler und Einblik-
ke in das Innere von Privatjets und Luxushotels. Doch
dabei bleibt es meist auch.

Es ist erregend, einen Blick in die Privatsphäre bekannter und berühmter Zeitgenossen zu werfen. Viele
von ihnen haben maßgeblich Zeitgeschichte mitgestal-
tet und Zeitgeschmack geprägt. Sie wurden aber auch
von ihrer Zeit beeinflußt.

Doch die meisten der spektakulär zwischen Buchdeckel gepreßten Lebensgeschichten gehen an den
tatsächlichen Daseinsverhältnissen ihrer Leser vorbei.
Der Leser will auch etwas von der anderen Seite des
Lebens erfahren und sich dabei selbst wiederfinden.

Ganz offensichtlich setzt deshalb in den Lese-
gewohnheiten mancher unserer Zeitgenossen ein Prozeß ein, der jener einseitigen Auswahl von Oberschicht-

Biographien entgegenwirkt. Es spricht sich herum, daß rasant geschriebene Autobiographien vom Leser gesucht, gefunden und verschlungen werden.

Eine gute Autobiographie schaltet das Licht an. Sie setzt die Gehirnzellen in Bewegung. Sie belebt den Blutkreislauf. Sie eröffnet den Funkverkehr der Emotionen.

Der Leser wird eine rasant geschriebene Biographie in einem Zuge verschlingen. Er wird erneut danach greifen, um tiefer zu steigen und besser zu verstehen. Der aufgeweckte Leser wird seinem Nachbarn, Freund oder Partner das Gelesene erzählen, das Buch empfehlen, den Namen des Autors nennen.

Das Leben des Autors kommt damit in aller Munde. Es wird weder vergessen, noch verstaubt es. Es nimmt – selbst über das irdische Leben des Autors hinaus – aktiv am Geschehen teil. Es beeinflußt den Leser vielleicht sogar ein wenig durch die Gedankengänge und Geistesblitze des Autors. Das eigentliche Vermächtnis einer Autobiographie findet auf diese Weise seine Erfüllung.

In diesem philosophisch-geistigen Sinne verlängern veröffentlichte Erinnerungen das Leben. Die Beantwortung der Frage nach dem *Ob* einer Memoirenniederschrift ergibt sich damit ganz wesentlich auch daraus, *wie* derartige Erinnerungen dem Leser richtig aufbereitet präsentiert werden.

Hier sollte der Autor in einen Dialog mit seinem imaginären Leser eintreten. Er möge den Leser freundlich stimmen, ihm helfen, sich in das Thema hineinzufinden und diesem gewogen zu bleiben.

Damit erfüllt sich der eigentliche Sinn einer Autobiographie: das Leben seines Verfassers zu beleuchten und vor dem Verlöschen zu bewahren.

Die Herausgabe im Verlag

E ines schönen Tages ist es endlich soweit! Das Manuskript ist abgeschlossen und liegt fertig vor seinem stolzen Schöpfer. Jetzt heißt es, die Frage einer Veröffentlichung – das eigentliche Ziel jedes Menschen, der schreibt – zu prüfen.

Ein ganz besonderer Tag im Leben eines jeden Autors ist es, wenn der Traum vom eigenen Buch wahr wird und die Erinnerungen in einem Verlag erscheinen. Das ist der höchste Lohn, der ehrenvollste Preis für all die Mühen, die der Schreibende auf sich genommen hat. Doch wie begeistert man einen Verlag für sein Leben?

Die Suche nach dem richtigen Verleger gleicht der berühmten Suche nach der Nadel im Heuhaufen. Aber sie kann sich lohnen. Denn eine Buchveröffentlichung in einem Verlag hat den Vorteil, daß sachkundige Menschen bei der Herausgabe behilflich sind.

Ein guter Lektor versteht das Anliegen seines Autors intuitiv und befördert es. Diese Leistung ist, bei Bewahrung des Stils und der individuellen Handschrift des Verfassers, von Wert für Autor und Werk.

Gestalter und Redakteure verleihen einem gewichtigen Inhalt die angemessene Form. In jedem Fall hilft das äußere Erscheinungsbild – ein ansprechender

Umschlag, ein gefällig gegliedertes Schriftbild und ein handwerklich einwandfreier Druck – dem Leser, Zugang zum Werk zu finden.

Schon in diesen Punkten sind Beratung und Hilfestellung angebracht. Hier sind Verlagsprofis gefragt.

Unbestritten ist allerdings, daß die Herausgabe von Biographien seit Jahrhunderten eine Angelegenheit ist, mit der sich Publikumsverlage ungern befassen. Großverlage reduzieren ihre verlegerische Verpflichtung, künftigen Generationen Zeugnis zu geben, auf die möglichst reißerische Verbreitung der Erlebnisse bekannter Namen. Das ist ein bombensicheres Geschäft ohne Risiken.

Der Fernsehliebling hat es leicht, seine – angeblich selbst verfaßte – Autobiographie in einem renommierten Verlag unterzubringen. Dem namenlosen Autor, der sich hilfesuchend und vertrauensvoll an ihm unbekannte, seelenlose Verlage wendet, bleibt diese Möglichkeit verschlossen.

Es ist insofern verständlich, daß die Herausgabe von Erinnerungen seit *Goethes* Zeiten Domäne mutiger Privatverleger ist. Courage gehört dazu, wenn es darum geht, Lebenserinnerungen zu veröffentlichen.

Vieles ist unbequem, was geschrieben steht, und mühsam ist es, dem Werk sein Publikum zu eröffnen. Das ist ein hartes Stück Arbeit, dessen Erfolg zudem vollkommen ungewiß ist und sich oft erst nach längerer Zeit einstellt.

Auch unter kaufmännischen Aspekten ist die Herausgabe von Lebenserinnerungen ein Drahtseilakt. Meist handelt es sich um voluminöse und damit kostenintensive Werke, die erst einmal in bescheidenen Auflagen herausgebracht werden, um das Interesse der Leserschaft zu testen.

Ein gewaltiger finanzieller Erfolg wird dabei von keiner Seite erwartet, zumal der Markt bekanntlich launisch ist und seine Gunst ungleich verteilt. Sollte der wirtschaftliche Erfolg dennoch winken, ist dies ein Dankeschön für alle Beteiligten.

Trotz aller Schwierigkeiten kommt es immer wieder zu erfolgreichen Symbiosen von Autor und Verleger. Diese begegnen sich wie Schiffe im Nebel, fahren dann dicht beieinander und bündeln so ihre Kraft. Ihr gemeinsames Mühen bewahrt das Werk vor dem Vergessenwerden.

Eine Sternstunde für Autor und Verleger bricht deshalb immer dann an, wenn es gelingt, einer Autobiographie ein Publikum zu erschließen. Dann erfüllt sich der Sinn des Strebens des Autors nach Veröffentlichung seiner Erinnerungen in Buchform als höchstem Ziel.

Dem verständnisvollen Verleger hingegen erweist das Schicksal in solchen Momenten die Anerkennung, bei der Herausgabe der Lebenserinnerungen eines Autors eine besonders glückliche Hand gehabt zu haben.

Darum strebt der Autor nach Vollendung seines Werkes stets ans Licht der Welt, zum Verlag. Der Verleger hingegen hält ständig Ausschau nach neuen Autoren. In diesem Wechselspiel von Geben und Nehmen schlägt die Geburtsstunde des guten Buches.

Nützliche Fragen

Sie fühlen sich in Ihrem Vorhaben bestärkt, Ihre Lebenserinnerungen aufzuschreiben, zu ergänzen, weiterzuführen und sie – dies ist das Entscheidende – den Mitmenschen, den nachfolgenden Generationen als Botschaft eines Lebens unseres Jahrhunderts ins nächste Jahrtausend mit auf den Weg zu geben. Dazu nochmals meine ganze Anerkennung!

Und was mich besonders freut: Dieses Buch hat Ihnen den letzten Anstoß gegeben, das Werk zu beginnen beziehungsweise zu vollenden, hat sie überzeugt, daß die dabei auftretenden Schwierigkeiten ohne weiteres zu meistern sind, da das edle Ziel alle Mühen lohnt.

Bevor Sie nun zur Tat schreiten, sollten Sie noch einmal einige wesentliche Fragen an sich selbst richten, deren Beantwortung für das Gelingen Ihres Vorhabens nützlich ist.

Befragen Sie Ihr ganz persönliches Leben:

• Was habe ich persönlich an zeitgeschichtlichen, weltpolitischen, kulturellen, sozialen und sonstigen Ereignissen erlebt, deren Beschreibung lohnt?

• Was ist das Besondere, das Einzigartige an meinem Leben?

- Welche Aspekte dieses Lebens könnten einen fremden Dritten besonders faszinieren?

- Welche Botschaft kann mein Leben nachfolgenden Generationen vermitteln?

- Welche Länder, Völker und Kulturen haben mein Leben berührt oder beeinflußt?

- Welche geistigen Strömungen oder sozialen Entwicklungen haben mein Leben geprägt?

- Welche besonderen Leistungen, Auszeichnungen, Erfindungen, Schöpfungen, Kunstwerke etc. habe ich vorzuweisen?

- Worin besteht meine stärkste Charaktereigenschaft?

- Gibt es etwas, das nur ich kann?

- Habe ich in meinem Leben außergewöhnliche, unglaubliche, paranormale Erlebnisse gehabt?

- Mit welchen Persönlichkeiten bin ich im Verlaufe meines Lebens zusammengetroffen, die der Erwähnung bedürfen?

- Habe ich Dinge erlebt, die unbedingt veröffentlicht werden sollten?

Prüfen Sie nun die Gliederung beziehungsweise den Rohentwurf oder die bereits niedergeschriebenen Teile Ihrer Memoiren unter folgenden Fragestellungen:

- Enthält meine Gliederung beziehungsweise mein bisheriger Text alle wesentlichen Stationen meines Lebens und sämtliche wichtigen Erkenntnisse und Erfahrungen, die ich meinen künftigen Lesern übermitteln möchte?

- Verfüge ich über ausreichend Informationen zu den Themen, die ich zu behandeln beabsichtige?

- Habe ich Stichworte zu den wichtigsten Ereignissen und Personen zusammengestellt?

- Habe ich einen interessanten Einstieg in meinen Text gefunden?

- Habe ich einen Anhang vorbereitet, in dem wenig bekannte Begriffe sowie Namen und Abkürzungen erläutert werden können?

- Ist mein Text sauber gegliedert und nachvollziehbar aufgebaut?

- Gibt es vielleicht noch unmotivierte und den Leser möglicherweise irritierende Sprünge zwischen Zeiten, Ereignissen und Personen?

Haben Sie Ihre Lebenserinnerungen komplett niedergeschrieben, steht die Aufgabe, dem Manuskript den sogenannten Feinschliff zu verleihen. Dabei empfiehlt es sich, besonders folgende Aspekte im Auge zu haben:

• Stimmen die Proportionen, in denen die wichtigsten Lebensstationen und -abschnitte abgehandelt werden?

• Wurde jede in das Geschehen eingeführte Person hinsichtlich ihrer tatsächlichen Rolle und Bedeutung erläutert beziehungsweise dargestellt?

• Weist mein Text noch gedankliche Risse auf?

• Bin ich mir sicher, daß ein Leser mehr als 20 Seiten meiner Ausführungen lesen kann, ohne daß sein Interesse nachläßt?

• Weist mein Text fremdsprachige Zitate und/oder wenig bekannte Abkürzungen auf, die übersetzt beziehungsweise erklärt werden müssen?

• Sind meine Memoiren sprachlich abwechslungsreich gestaltet?

• Ist der Satzbau klar und übersichtlich, das heißt, habe ich Schachtel- und Bindfadensätze vermieden oder in kürzere Aussagesätze zerlegt?

- Habe ich wirklich bei jeder Formulierung an den künftigen Leser gedacht und dabei dessen Interessen und Leseerwartungen genügend berücksichtigt?

- Ist die Botschaft meines Lebens klar genug herausgearbeitet?

Dies ist nur eine kleine Auswahl möglicher Fragen. Sie sollen Sie anregen und ermuntern, weiter an Aufbau, Sprache und Stil Ihres Textes zu arbeiten. Kein Werk ist vollkommen, vieles zu verbessern. Streben Sie aber stets nach optimaler Leistung! Geben Sie Ihr Bestes!

Stimmen zum Buch

Das Büchlein ist in der kaum noch überschaubaren Reihe von Ratgebern aller Art eine echte Novität, weil es eine Lücke erkennt und füllt. Wohlfeil, wie es ist, wird es den Benutzer vor Enttäuschungen und Illusionen bewahren, seine Möglichkeiten, aber auch seine Grenzen aufzeigen, wenn er sich an das Abenteuer des Schreibens begibt.

Dr. Ulrich Gehre, Oelde
Chefredakteur DIE GLOCKE

Obwohl meine Erinnerungen mich quälten, wußte ich doch nicht, wie ich es anstellen sollte, alles aufzuschreiben. Bis mir das Buch «Wie schreibe ich meine Erinnerungen?» von Wilhelm Ruprecht Frieling in meine Hände fiel. Nachdem ich es zweimal gelesen hatte, wußte ich, wie man das macht. Sie haben die einmalige Fähigkeit, Menschen zu motivieren, heranzuführen an die Arbeit, die noch in weiter Ferne liegt. Auf diesem Wege meinen innigsten Dank. Ich habe meine Erinnerungen aufgeschrieben.

Meta Rahf, Flensburg
Autorin von
»Buntstifte. Aus dem Leben einer Vertriebenen«

Sie haben in geschliffener Form wohl alle, aber auch sämtliche Gesichtspunkte zum Ausdruck gebracht, die man im Auge behalten sollte, wenn man seine Erinnerungen aufzeichnen will. Ich muß gestehen, daß ich mir beim Schreiben meiner zahlreichen Manuskripte nicht halb soviel Gedanken gemacht habe, wie Sie empfehlen. Im Kern habe ich sie mir jedoch – unbewußt – wohl auch gemacht. Ich bin so oft gefragt worden: Wie machst du das bloß? – Ich möchte auch so schreiben wie du – Gib mir einen Rat. – Ich möchte auch Memoiren schreiben. – Aber wie? Zu einer Antwort auf diese Fragen ist das Studium Ihres Buches sehr gut geeignet.

Christoph von L'Estocq, Starnberg
Autor von
»Soldat in drei Epochen.
Eine Hommage an Henning von Tresckow«

———————

Man trägt die Gedanken des Schreibens lange mit sich herum, und plötzlich weiß man, wie man schreiben muß, und auch den Anfang. Es überkommt einen einfach, wenn die Gedankenarbeit (nicht unbedingt bewußt) dazu reif ist. Bei mir geht es nie vom Verstand aus, sondern von der Seele.

Renate Kraack-Luther, Regensburg
Autorin von
»Sie lebten und sie starben.
Chronik einer Pastorenfamilie aus dem Baltikum«

———————

Sie haben wirklich an alles gedacht, was für das Schreiben von Memoiren, die veröffentlicht werden können, bedacht werden muß. Es ist ja überwältigend viel, und sehr klar ist ausgedrückt, wie mit dem Leser gedacht werden muß. Ich hatte übrigens auch ein zwingendes Leitwort für meine eigenen gelegentlichen Schreibbedürfnisse, es ist von Erich Kästner: Drei unveräußer-

*liche Forderungen für jemand, der schreibt: Aufrichtig-
keit des Empfindens. Klarheit des Denkens. Einfachheit
in Wort und Satz.*

Ellen Koehn-Otzen, Berlin
Autorin von
»Gedanken über Gott und die Welt.
Notizen einer 86jährigen«

---

*Ich stehe auf dem Standpunkt, wenn Lebensbeschrei-
bungen gewissenhaft, ehrlich und ohne nichtssagende
Floskeln abgefaßt werden, ob im derben Deutsch oder
von einem bibliophilen Schreiber, es bleibt immer die
interessante Wiedergabe eines Lebens die Hauptsache.
Es kann nicht jeder Thomas Mann, Karl May oder E. E.
Kisch sein. Wer glaubt, aus seinem Leben erzählen zu
können oder zu müssen, soll es tun – und wenn der Lektor sein Ja dazu gibt, dann hat er Glück gehabt!*

Ernst Lochmann, Berlin
Autor von
»Aus meinem Leben. Stationen eines Bücherwurms«

---

*Ihr Buch ist ein einfühlsamer Leitfaden auf dem Weg zu
einer lesenswerten Biographie. Sie sprechen mutig die
Hintergründe des Entstehens von Biographien an. Die
eigene Biographie ist somit ein Produkt aus innerem
Antrieb, merkenswerten Begebenheiten und spannender
Erzählweise, aber leider auch eine Frage des Geldes. Es
ist anerkennenswert, daß Sie sich für eine Veröffentlichung von Biographien relativ unbekannter Personen
einsetzen, denn das wirkliche Leben ist ein unversiegba-
rer Quell, aus dem die erforderliche Weisheit für das*

Überleben von Generationen der Nachwelt sprudelt. Damit werden solche Werke zum erfrischenden Gegenpol zu den geistigen Entartungen der High-Society.

Bernd Staudte, Berlin
Autor von
»Untertage selbst erlebt.
Uran-Abbau in der SDAG Wismut«

Dies Buch kann vielen ein wertvoller Ratgeber sein. Ich selbst bin im Lauf der Jahre, vor allem während meiner Zeit als Leiterin des Zirkels schreibender Arbeiter, Menschen begegnet, die sich über das Schreiben ihrer Memoiren Gedanken machten. Auch ich bin der Meinung: Kein Leben ist wie das andere. Schon aus diesem Grunde finde ich Erinnerungen aufschreibenswert, die ja immer über Menschen, ihre Zeit, ihr Handeln usw. Auskunft geben.

Traute Gundlach, Oberroßla
Autorin von
»GrenzSpuren. Ein deutsch-deutsches Tagebuch«

Frieling

Lesenswerte Autobiographien

Ambler, Eric: *Ambler by Ambler. Eric Amblers Autobiographie*. 1988, detebe

Armstrong, Louis: *Mein Leben in New Orleans*. Autobiographie. 1985, detebe

Beauvoir, Simone de: *Memoiren einer Tochter aus gutem Hause*. Rowohlt

Bellisario, Maria: *La Donna*. Die aufregende Autobiographie der italienischen Topmanagerin. 1988, Econ

Brod, Max: *Streitbares Leben*. Autobiographie. 1979, Insel

Buck, Pearl S.: *Mein Leben – meine Welten*. Autobiographie. 1976, Bastei-Lübbe

Canetti, Elias: *Die gerettete Zunge. Geschichte einer Jugend*. 1987, Fischer Taschenbuch Verlag

Casanova, Gian Giacomo: *Geschichte meines Lebens in 12 Bänden*. 1987, C. H. Beck

Chaplin, Charles: *Die Geschichte meines Lebens*. 1991, Fischer TB

Churchill, Winston S.: *Memoiren – Der Zweite Weltkrieg*. Gesamtausgabe. 12 Bände, Scherz

Dalai Lama XIV.: *Das Buch der Freiheit*. Die Autobiographie des Friedensnobelpreisträgers. 1990, Lübbe

Ditfurth, Hoimar von: *Innenansichten eines Artgenossen*. 1989, Claassen

Franklin, Benjamin: *Lebenserinnerungen*. 1983, Winkler

Gandhi, Mahatma: *Eine Autobiographie oder Die Geschichte meiner Experimente mit der Wahrheit*. Hrsg. v. Hinder, Rolf. 1991, Hinder + Deelmann

Graf, Oskar Maria: *Wir sind Gefangene*. 1981, dtv

Green, Julien: *Jugend 1919 – 1930*. 1987, Herbig

Grosz, George: *Ein kleines Ja und ein großes Nein*. 1974, Rowohlt

Guinness, Alec: *Das Glück hinter der Maske*. Autobiographie. 1988, Knaur

Hillary, Edmund: *Wer wagt, gewinnt*. Die Autobiographie des Erstbezwingers des Mount Everest. 1988, Lübbe

Heine, Heinrich: *Jüdische Kindheit*, Alibaba

Holiday, Billie: *Lady sings the blues*. Autobiographie. 1983, Nautilus

Hudson, Rock: *Mein Leben*. Autobiographie. 1986. Goldmann

Jaspers, Karl: *Philosophische Autobiographie*.1984, Piper

Keaton, Buster: *Schallendes Gelächter*. Eine Autobiographie. 1986, Schirmer Mosel

Klaus, Edgar: *Durch die Hölle des Krieges*. 1991, Frieling & Partner

Kopelew, Lew: *Tröste meine Trauer*. Autobiographie 1947 – 1954. 1981, Hoffmann u. Campe

Kortschnoi, Viktor: *Ein Leben für das Schach*. Autobiographie und Partiensammlung. 1981, Rau

London, Jack: *König Alkohol*. 1973, dtv

Lusseyran: *Das wiedergefundene Licht*. 1987, Klett-Cotta

Mahlsdorf, Charlotte von: *Ich bin meine eigene Frau*. Ein Leben. 1992, Edition diá

Mann, Heinrich: *Ein Zeitalter wird besichtigt.* 1973, Rowohlt TB

May, Karl: *Ich.* 1976, Karl-May-Verlag

Meysel, Inge: *Frei heraus – mein Leben.* 1991, Beltz

Neruda, Pablo: *Ich bekenne, ich habe gelebt.* 1989, Luchterhand

Nin, Anais: *Tagebücher*, 7 Bände. 1982, Nymphenburger Verlagshandlung

Nolde, Emil: *Autobiographie in 4 Bänden.* 1967, DuMont

Pu Yi: *Ich war Kaiser von China.* Vom Himmelssohn zum Neuen Menschen, dtv

Rousseau, Jean-Jacques: *Die Bekenntnisse.* 1985, Insel

Rubinstein, Arthur: *Die frühen Jahre*, 1989, Fischer Taschenbuch

Rühmkorf, Peter: *Die Jahre, die ihr kennt. Anfälle und Erinnerungen.* 1972, Rowohlt TB

Sand, George: *Geschichte meines Lebens.* Auswahl aus ihrem autobiographischen Werk. Hrsg. v. Wiggershaus, Renate. 1977, Insel

Spoerl, Alexander: *Memoiren.* 1962, dtv

Williams, Tennessee: *Memoiren.* 1988, Fischer TB

Wolf, Christa: *Kindheitsmuster.* 1987, Luchterhand

Zahn, Peter von: *Stimme der ersten Stunde.* 1991, Deutsche Verlagsanstalt

Zuckmayer, Carl: *Als wär's ein Stück von mir.* 1990, Fischer

Zweig, Stefan: *Die Welt von gestern.* 1982, Fischer

Verlage für Autobiographien

Artemis & Winkler Verlags-GmbH, Hackenstr. 5, D-80331 München

Bastei-Lübbe Taschenbücher Verlag Gustav H. Lübbe GmbH & Co. KG, Scheidtbachstr. 23–31, D-51469 Bergisch Gladbach

Beltz & Gelberg, Postfach 10 01 54, D-69441 Weinheim

Claassen Verlag GmbH, Rathausstr. 18–20, D-31134 Hildesheim

Deutscher Taschenbuch Verlag GmbH & Co. KG, Friedrichstr. 1 a, D-80801 München

Frieling & Partner Verlag GmbH, Hünefeldzeile 18, D-12247 Berlin-Steglitz

Hanser, Carl, Verlag GmbH u. Co, Kolbergerstr. 22, D-81679 München

Herbig, F. A., Verlagsbuchhandlung GmbH, Thomas-Wimmer-Ring 11, D-80539 München

Insel Verlag, Lindenstr. 29–35, D-60325 Frankfurt

List, Paul, Verlag GmbH & Co KG, Goethestr. 43, D-80336 München

Luchterhand-Literaturverlag GmbH, Mühlenkamp 6c, D-22303 Hamburg

Nymphenburger Verlagshandlung GmbH, Thomas-Wimmer-Ring 11, D-80539 München

Rowohlt Verlag GmbH, Hamburger Str. 17, D-21465 Reinbek

Ullstein Verlag GmbH, Lindenstr. 76, D-10969 Berlin

vgs-verlagsgesellschaft mbH, Breite Str. 118– 20, D-50667 Köln

Verlag sucht Autoren

Der Berliner *Frieling*-Verlag gibt regelmäßig Bücher neuer Autoren heraus. Es sind besondere Bücher für Menschen, die etwas Besonderes sind. *Frieling* veröffentlicht literarische Texte und Werke der unterschiedlichsten Genres und Themenbereiche. Dazu zählen: Anthologien, Erinnerungen, Autobiographien, Memoiren, Briefwechsel, Chroniken, Romane, Erzählungen, Kurzgeschichten, Kinderbücher, Jugendbücher, Songtexte, Lieder, Gedichte, Aphorismen, Humorbücher, Kunstbände, Bildbände, Kalender, Notenbücher, Regionalia, Ratgeber, Wanderführer, Nachschlagewerke, Sachbücher, Historia, Esoterik, Religion, Kirche, Politik, Zeitkritik, Kulturkritik, Thesen, Pamphlete, Anderes Denken, Kunstgeschichte, Literatur, Sprache, Unterhaltung, Krimis, Thriller, Science-fiction, Erotica, Musik, Frauenliteratur, Film, Theater, Reprints, Welträtsel, Geheimwissen, Naturwissen, Geisteswissen, Sozialwissen und anderes mehr.

Der *Frieling*-Verlag ist ständig auf der Suche nach interessanten Manuskripten und neuen Autoren aus Ost und West.

Senden Sie Ihr Manuskript an:

Verlag Frieling & Partner GmbH
– Lektorat –
Hünefeldzeile 18
D-12247 Berlin-Steglitz
Bundesrepublik Deutschland

Telefon: (0 30) 7 74 20 11 • Telefax: (0 30) 7 74 41 03

Der Autor

Wilhelm Ruprecht Frieling wurde im Mai 1952 in Bielefeld als Sproß einer westfälischen Unternehmerfamilie geboren. Nach dem Studium der Publizistik, Ausbildungen als Redakteur und Fotograf, Lehr- und Wanderjahren in verschiedenen Verlagen und Redaktionen im In- und Ausland ist *Frieling* seit 1983 als Verleger in Berlin erfolgreich.

Mit seinem gleichnamigen Unternehmen hat sich *Frieling* auf die Herausgabe von Werken unbekannter Autoren spezialisiert. Unter den mehr als tausend Buchveröffentlichungen, die er bis heute betreut hat, finden sich zahlreiche Autobiographien. Es sind, so *Frieling*, »Bücher für Menschen, die jemand sind, nicht für jedermann«.

Der Ausgangspunkt für dieses Werk war, so *Frieling*, sehr persönlich: »Mein eigener Vater starb viel zu früh durch einen tragischen Verkehrsunfall. Oft habe ich bedauert, daß ihm das Schicksal verwehrte, seine Erinnerungen für die Nachwelt zu notieren. Ich würde Trost darin suchen, Verständnis erbitten und vielleicht sogar Antwort auf manche Frage finden, die mir in seinem Wesen dunkel geblieben ist.«

»Autor sucht Verleger • Der direkte Weg zum eigenen Buch« lautet der Titel des inzwischen in sechster Auflage vorliegenden *Frieling*-Ratgebers, nach dessen

Hinweisen zahlreiche Autoren erfolgreich handelten. Lieferbar in aktualisierter Auflage ist das in Redaktionen, Verlagen und im Buchhandel gern benutzte *Frieling*-Standardwerk »Wörterbuch der Verlagssprache • Der aktuelle Führer durch das Fachchinesisch der Verleger, Redakteure und Drucker«.

Weitere Veröffentlichungen von *Wilhelm Ruprecht Frieling* finden sich bei *dtv*, *Lübbe*, *Readers Digest* und im *ADAC-Verlag*. *Westermanns Monatshefte*, *ZeitMagazin*, *Memo*, *Gourmet Journal*, *art* und *New Yorker* veröffentlichten Essays und Reportagen aus seiner Feder.

Als Herausgeber publiziert *Frieling* das Autoren-Magazin *BUCHWELT* sowie verschiedene Jahrbücher und Anthologien. *Frieling* ist Gründer des *Literatur-Telefons Berlin*, Träger der Ehrenmedaille der Stadt Bukarest und Vorsitzender des *Fachverbandes Berliner Direktwerbung FBDW e.V.*

Bei Rückfragen ist er zu erreichen über:

Verlag Frieling & Partner GmbH
Hünefeldzeile 18
D-12247 Berlin-Steglitz
Bundesrepublik Deutschland

Ratgeber für Autoren
von Wilhelm Ruprecht Frieling

ÜBER DIE KUNST DES SCHREIBENS
Wie Autoren unbewußte Kräfte besser nutzen

Ungekürzte Originalausgabe
176 Seiten, DM/sFr. 20,- / öS 156,-
ISBN 3-89009-700-6

Dieses Buch macht verborgenen Talenten, heimlichen Schriftstellern und unbekannten Autoren Mut, stärker an sich selbst zu glauben. Es bereitet auf die große Begegnung mit dem Leser vor und öffnet jedem, der schreibt, eine Tür zu seinem ganz persönlichen Erfolg. Es hinterfragt Motive, Mittel und Möglichkeiten, die Feder zu ergreifen. Dazu werden intuitive Aspekte des Schreibens behandelt, damit Autoren mehr aus sich und ihrem Werk machen.

Aus dem Inhalt:
Poesie ist notwendig • Gibt es geborene Schriftsteller? • Jeder kann schreiben • Das Kreuz mit der Ausbildung • Wenn aus Schwärmerei Berufung wird • Die Kunst des Schreibens • Die Allmacht des Wortes • Keine Angst vor der »Blamage« • Im Fegefeuer der Kritik • Hindernislauf zum Erfolg • Der Kampf um die Konzentration • Muß man fließend schreiben können? • Wenn die Geistesblitze ausbleiben • Schreiben ist Balsam für die Seele • Auf der Jagd nach Genialität • Das Phänomen der Schöpferkraft • Sind die Gedanken wirklich frei? • An den Pforten des Unterbewußtseins • Am Brunnen der Erinnerung • In den Schatzkammern der Phantasie • Im Zauberkreis der Sprache • Schreiben ist gepflegte Unterhaltung • Wie man den Leser packt • Lehren aus der Werbung • Magie mag Meisterschaft • Der Traum vom eigenen Buch • Wie man einen Verleger findet

GOLDENE WORTE FÜR JEDEN, DER SCHREIBT
Geflügelte Worte aus der Welt der Bücher

Ungekürzte Originalausgabe
64 Seiten, DM/sFr. 10,- / öS 78,-
ISBN 3-89009-650-6

Eine unkonventionelle Sammlung von geflügelten Definitionen und Merksprüchen aus der Welt der Bücher und Büchermacher. *Frielings* »Goldene Worte« möchten jeden, der gern schreibt, inspirieren und ansprechen. Bei der Auswahl handelt es sich um schlagkräftig und prägnant formulierte Gedankensplitter, die nach Stichworten alphabetisch geordnet wurden. Bewußte und betonte Subjektivität des Urteils und überspitzte, oft ironisch gehaltene Begründung im Verein mit dem Anspruch auf scheinbare Gültigkeit fordern vom Leser eigene gedankliche Auseinandersetzung.

Die »Goldenen Worte« sind es, die den Wortschöpfer beflügeln und Dinge in Bewegung setzen, die wir – gerade in der heutigen Zeit – so dringend brauchen.
Waltraud Weiß, Verlag Wort und Mensch, Köln

Eine geballte Ladung von notwendigen Wahrheiten für alle Schreibenden.
Bernd Wiefel, Olbernhau

Eine wahre Quelle der Erbauung.
Jo Baering, Karben

Nur ein Mensch, der schreibt, kann ein freier Mensch sein, weil er die Wahrheit in Worte kleiden und ebenso die Lügen aufzeigen kann und sich vielerlei Zwängen in seinen Schriften nicht ausliefern muß – noch nicht!
Eleonore Falkenburg, München

AUTOR SUCHT VERLEGER
Der direkte Weg zum eigenen Buch

6. Auflage
128 Seiten, DM/sFr. 10,- / öS 78,-
ISBN 3-89009-400-7

Chancen für jeden, der mit einem abgeschlossenen Manuskript bemüht ist, einen Verleger zu begeistern, bieten die unterhaltsam aufbereiteten Erfahrungen und Erkenntnisse eines erfolgreichen Verlegers. Der Autor beantwortet Kernfragen für jeden, der schreibt, und entwickelt seinen verlegerischen Plan auf der Grundlage bewährter Erfahrungen der internationalen Literaturszene. *Frieling* erfüllt mit seinem Konzept den in jedem Autor schlummernden Traum vom eigenen Buch.

Ein erfrischend aggressiver Autor.
Anthony Burgess

Das originelle Buch hat bereits mehr als eintausendzweihundert deutschsprachigen Schriftstellern im In- und Ausland zur Veröffentlichung verholfen und ist absolut einzigartig.
BUCHWELT

Ich habe mit Freude erfahren, wie sehr Sie sich für junge, noch unbekannte Autoren einsetzen. Wenn ich Ihnen je dabei helfen kann, lassen Sie es mich bitte wissen.
Prof. Robert Jungk, Salzburg

Auch als vom Autor gesprochenes Hörbuch auf Tonband-Cassette lieferbar!
MC Dolby/Stereo
60 min., DM/sFr. 10,- / öS 78,-
ISBN 3-89009-420-1

WIE BIETE ICH EIN MANUSKRIPT AN?
Mehr Erfolg im Umgang mit Verlagen

Ungekürzte Originalausgabe
112 Seiten, DM/sFr. 10,- / öS 78,-
ISBN 3-89009-550-X

Informativ werden Sachfragen beantwortet, mit denen sich jeder Autor zu beschäftigen hat: von der Gestaltung des Manuskriptes, der Aufbereitung des Bildmaterials und dem Schreiben eines Exposés bis hin zu Versand, Verpackung und Rechtsfragen der Einsendung. Autoren, die Einblick in die vielfältigen Abläufe und Gedankengänge in Verlagen gewinnen wollen, finden hier nützliche Regeln, deren Anwendung Erfolg verspricht.

Firmenchef W. R. Frieling legt mit seinem »Wegweiser zum eigenen Buch« einen wirklich informativen, von Eigenwerbung weitgehend freien, eine Menge verlegerischer Interna dokumentierenden Ratgeber vor, der ausnahmsweise – und ganz im Gegensatz zu der Unzahl ähnlicher »Von der Idee zum Buchdeckel«-Erzeugnisse – tatsächlich zu empfehlen ist.
Walter Eigenmann, Herausgeber von SCRIPTUM

Mein langgehegter Wunsch fand Erfüllung. Jetzt, wo ich schwarz auf weiß mein erstes Buch in den Händen halte, kann ich einfach nur sagen, daß ich dabei Ihr Einfühlungsvermögen Seite für Seite wohltuend empfinde. Für Ihre Mühe und Sorgfalt, wie Sie mein Manuskript bis zum fertigen Buch begleiteten, nochmals meinen verbindlichsten Dank.
Walter Heczko, Magdeburg

Gerade ein solcher Ratgeber fehlt jedem unerfahrenen Autor, der für seine Werke einen Verleger sucht.
Margot Eleonore Esser, Moers

WÖRTERBUCH DER VERLAGSSPRACHE
Der aktuelle Führer durch das Fachchinesisch
der Verleger, Redakteure und Drucker

2. Auflage
128 Seiten, DM/sFr. 20,- / öS 156,-
ISBN 3-89009-300-0

Dieses nützliche Lexikon sammelt und erläutert sämtliche Begriffe, mit denen ein Autor auf dem Weg vom Manuskript zum Buch konfrontiert werden kann, und übersetzt damit die Sprache der Büchermacher. Der Ratgeber bietet seine Informationen auch und vor allem denen, für die die »Schwarze Kunst« und alles, was mit ihr zusammenhängt, immer noch ein Buch mit sieben Siegeln sind.

Wollen Sie wissen, was sich hinter dieser Geheimsprache der Journalisten, Schriftsteller, Setzer, Buchdrucker und Verleger verbirgt, wollen Sie nicht wie ein Anfänger vor Fachleuten stehen, hilft dieses schmale Nachschlagewerk. Hier finden Sie die »Schwarze Kunst« geordnet von ABA bis Zyklus.

BÜCHERKISTE

... eine aus langjähriger journalistischer und verlegerischer Praxis geschöpfte Auskunftei über die Bedeutung zahlreicher neuer wie klassischer Begriffe der Verlagssprache.

BÜCHERSCHIFF

Wer Bücher liest, schreibt oder gestaltet, erhält mit der Neuerscheinung einen Reiseführer durch den Dschungel der Verlagssprache.

MEDIUM MAGAZIN

Impressum

© Verlag Frieling & Partner GmbH und Verfasser,
Hünefeldzeile 18, D-12247 Berlin
Telefon 0 30 - 7 74 20 11
Telefax: 0 30 - 7 74 41 03

Stilredaktion: Peter Hehr
Gestaltung: Susanne Willbier
EDV: Michael Beautemps
Druck: Wiener Verlag, Himberg

Illustrationen: Frieling-Archiv

Porträtfoto 4. Umschlagseite: Irmgard Süssenbach, Berlin

Sämtliche Rechte vorbehalten
ISBN 3-89009-230-6
Gesetzt aus der Corpus Walbaum
Printed in Austria

S T O P !

**Dieses Buch kann
Ihr Leben verändern.**

Nutzen Sie es!